POSITIVE PSYCHOLOGIE PROFILE YOUR LIFE!

So bringen Sie sich selbst und andere zum Aufblühen

Bibliografische Information der Deutschen Nationalbibliothek
Die Deutsche Nationalbibliothek verzeichnet diese Publikation in der Deutschen Nationalbibliografie; detaillierte bibliografische Daten sind im Internet über https://dnb.de abrufbar

Vogelhuber, Oliver:
Positive Psychologie – Profile Your Life!
So bringen Sie sich selbst und andere zum Aufblühen

ISBN Hardcover: 978-3-9824768-1-0
ISBN E-Book: 978-3-9824768-0-3

2. Auflage 2023

Redaktion: Redaktionsbüro Dr. Michael Madel, Winterscheid
Illustrationen: Anja Junghans

Umschlaggestaltung, Layout, Satz, Produktionsleitung:
text-ur text- und relations agentur Dr. Gierke, Köln, www.text-ur.com

Druck, Buchhandelsanfragen: BoD – Book on Demand GmbH, www.bod.de

Printed in Germany

Vorsorglich wird darauf hingewiesen, dass verwendete Bezeichnungen, Titel und Logos, die einem marken- oder urheberrechtlichen Schutz unterliegen, hier nur zu informatorischen Zwecken genannt werden. Im Buch wird nach Möglichkeit eine genderneutrale Sprache gewählt, die alle Lesenden (m/w/d) einschließt. Wo dies im Sinne einer leichteren Lesbarkeit und Verständlichkeit nicht möglich war und weibliche oder männliche Pronomina oder Substantive verwendet wurden, sind immer alle Lesenden mitgemeint und herzlich eingeladen.

FÜR JANA UND SINA – DAS GLÜCK MEINES LEBENS

Inhaltsverzeichnis

EINLEITUNG

Profile Your Life!

Geben Sie Ihrem Leben Profil

Lassen Sie mich gleich mit der Tür ins Haus fallen und sagen, worum es mir geht: Geben Sie Ihrem Leben ein Profil – Profile Your Life! Indem Sie mit Realitätssinn feststellen, was gut in und an Ihrem Leben ist. Indem Sie den Fokus auf die Dinge richten, die richtig sind und funktionieren, ohne ein überschäumender Optimist, aber auch kein schwarzmalerischer Pessimist zu sein. Indem Sie auf Ihre Stärken setzen, die Ihnen zu Wachstum verhelfen und es Ihnen ermöglichen, aufzublühen und sich zu entwickeln. Indem Sie den Weg zu sich selbst suchen und finden und zu sich selbst stehen. Indem Sie zu dem Menschen werden, der Sie sind, und Ihrem Wesen gemäß leben. „Profile Your Life!“ bewirkt eine Stabilisierung und Stärkung Ihres Wohlbefindens. Und wer sich selbst und seinem Leben ein Profil gibt, der ist in der Lage, als Vorbild zu wirken und Menschen in seinem Umfeld dabei zu unterstützen, sich ihrerseits weiterzuentwickeln und aufzublühen.

Ein ambitioniertes Programm. Ist hier einmal mehr jemand unterwegs, der das „positive Denken“ mit der rosaroten Wahrnehmungsbrille auf der Nase propagiert? Nein, auf keinen Fall, dieses Buch richtet den Fokus auf etwas anderes:

> ***Auf der Basis wissenschaftlicher Erkenntnisse, der Methoden der Positiven Psychologie und Ihrer Persönlichkeitsstruktur optimieren Sie systematisch und dauerhaft Ihr Wohlbefinden.***

Dies gelingt Ihnen, wenn Sie nach dem Motto „Profile Your Life!“ Ihre Stärken analysieren und nutzen, um in Ihrem Sinn zu wachsen, und den positiven Emotionen in Ihrem Leben einen höheren Stellenwert einräumen als den negativen Emotionen. Ziel ist allerdings nicht, eine vorgefertigte Glücksnorm zu erreichen, ein Ziel, das Ihnen irgendjemand – zum Beispiel ich mit diesem Buch – vorgibt. Nein, im Fokus stehen Sie mit Ihren Stärken und Potenzialen. Es sind Ihre individuellen und persönlichen Handlungspläne, die Ihnen zu Wachstum verhelfen und Sie dabei unterstützen, der zu werden, der Sie sind.

Ich wünsche mir, es soll Ihnen am Ende der Lektüre dieses Buches ergehen wie dem Menschen in der Geschichte, in der sich zwei Personen treffen, von denen die eine ihr Glück gefunden hat. Die andere Person fragt: „Wo hast Du das gefunden? Ich habe überall danach gesucht." Die erstaunliche Antwort lautet: „Habe ich selbst gemacht."

Annäherung statt Zielerreichung

Letztendlich können Sie den Weg zu Ihrem Wohlbefinden und Glück nur in sich selbst finden. Sie sind der einzige Mensch, der weiß, wo sich dieser Weg befindet. Diesen Weg kann Ihnen niemand vorgeben. „Sei du selbst und lebe dir gemäß!“ Was Autoren wie ich jedoch immerhin leisten können, ist, Ihnen eine Landkarte an die Hand zu geben, mit der Sie Ihren individuellen Weg finden und konsequent einschlagen können.

Mit anderen Worten: Ich stelle Ihnen ein Navigationsgerät zur Optimierung Ihres Wohlbefindens zur Verfügung. Welches Ziel, welche Zwischenziele Sie eingeben und welche Route Sie letztendlich nutzen, hängt von Ihnen ab. Ich selbst verstehe mich als jemand, der Ihnen Unterstützung und Hilfestellung bietet. Ich gebe Ihnen keine Ziele, keinen Weg vor, sondern stelle Ihnen Strategien und Handlungsimpulse vor, die Sie nutzen können, um Ihren eigenen Weg zu finden.

Um dies zu erreichen, werde ich ab und zu auf der Grundlage meiner Erfahrungen Storys erzählen, die zum Beispiel veranschaulichen, wie es anderen Menschen gelungen ist, ihr Niveau des Wohlbefindens zu halten und zu steigern. Nicht, um Ihnen zu empfehlen, denselben Weg einzuschlagen, denn im Fokus steht ja IHR persönlicher Weg zum Wohlbefinden. Aber es spricht nichts dagegen, diese Erfahrungen auf die Gestaltung Ihres eigenen Entwicklungsweges anzuwenden. Wenn Sie lesen, wie andere Menschen ihre positiven Emotionen, ihre Stärken, Potenziale und Ressourcen für ihr Wachstum nutzen konnten, können Sie diese Erfahrungen auf Ihre eigene Situation und Ihre eigenen Bedürfnisse übertragen. Nicht 1 zu 1, aber doch als Anstoß für Ihren persönlichen Lern- und Wachstumsprozess.

Meine Initialzündung, dieses Buch zu schreiben

Vor einigen Monaten, es ist Donnerstagabend, ich sitze im Hotelzimmer. Der erste Tag meines Zweitagesseminars, in dem ich Menschen unterstütze, sich selbst und andere Menschen zum Aufblühen zu bringen, ist vorbei. Ich blicke auf die spannenden und berührenden Erlebnisse des Tages zurück: Es ist immer wieder faszinierend, Menschen auf ihrem persönlichen Weg zu ihrem individuellen Wachstum zu begleiten. Auf diesem Weg ist es notwendig, mit Disziplin und Ausdauer neue Verhaltensweisen aufzubauen, eingeschliffene Gewohnheiten zu verändern und neue Routinen zu implementieren. Ich gebe vorsichtige Anstöße dazu, ich stelle mit meinem Input und meinen Impulsen im Seminar das Saatgut zur Verfügung, das die Menschen nutzen können, um die Ernte einzufahren und ihr Wohlbefinden zu steigern. Allerdings: Die Seminarteilnehmer selbst sind es, die für die Ernte sorgen müssen. Aber bevor etwas Neues entstehen kann, müssen die Grundlagen gelegt werden. Dabei helfe ich ihnen.

Ich gehe ins Internet, in die sozialen Netzwerke, und schlagartig ist es vorbei mit meiner guten Laune. Einmal mehr bin ich wütend, fühle mich in meiner Ehre als Psychologe angegriffen, ja, fast schon verulkt. Denn während ich gemeinsam mit meinen Seminarteilnehmern auf der Suche nach deren individuellen Wegen zu ihrem persönlichen Wohlbefinden bin, haben einige Erfolgs- und Glücksgurus in der Beraterszene wieder einmal ihre – aus meiner Sicht höchst unseriösen – Angebote auf Facebook und Co. verbreitet, mithilfe einer endlich entdeckten Formel jedem Menschen zu Erfolg und Glück zu verhelfen. Natürlich geschieht dies nur, wenn man bereit ist, dem entsprechenden Anbieter ein nicht unbeträchtliches Honorar zu zahlen. Das ist zunächst einmal gar nicht zu beanstanden, auch ich biete meine Schulungen nicht umsonst an. Was mich stört und wütend macht, ist das absolute Erfolgs- und Glücksversprechen solch unseriöser Anbieter, das bei den Menschen für überzogene Erwartungen und zu falschen Hoffnungen führt. Ich möchte fast schon von einer – entschuldigen Sie das harsche Wort – Verarschung reden, wenn diese Anbieter suggerieren, man müsse nur konsequent genug daran glauben, dann würde sich das erwünschte Ziel schon einstellen. In der Psychologie ist in diesem Kontext vom „False-Hope-Syndrom", vom „Falsche-Hoffnung-Syndrom" (siehe dazu http://www.psychoquest.de/begriff-24-falsche-hoffnung-syndrom.html) die Rede. Es ist von den Psychologen Janet Polivy und Peter Herman von der University of Toronto untersucht worden.

Meiner Beobachtung nach sorgen jene Gurus mit ihren unverantwortlichen Erfolgs- und Glücksversprechen dafür, dass die Menschen ein „False-Hope-Syndrom" ausbilden, übersteigerte Hoffnungen entwickeln und schließlich glauben, es genüge ein Fingerschnippen, um auf Zuruf erfolgreich zu sein. In der Folge fragen mich Seminarteilnehmer ungeduldig: „Was sollen denn all die Tests und Übungen, die Sie hier mit uns veranstalten, Herr Vogelhuber? Es gibt doch diese Glücksformel, was muss ich denn tun, damit sie auch bei mir funktioniert?" Das wird nicht oft gefragt, aber immer mal wieder, ich muss die Seminarteilnehmer dann von diesem naiven Glücksglauben abbringen und ihnen die Unmöglichkeit eines solchen Versprechens verdeutlichen. All diese zerstörten Hoffnungen, es ist einfach nur traurig – und schändlich, weil diese Hoffnungen von außen erweckt werden. Ziele wie Erfolg, Glück und Wohlbefinden lassen sich meistens nur durch konsequente und disziplinierte Verhaltensveränderungen erreichen. Stärkenanalyse, Stärken- und Wachstumsmanagement, Wohlfühlstrategien erarbeiten und umsetzen, immer wieder ins Handeln und in die Umsetzung kommen – das sind nur einige Stichwörter.

Und so fällt an diesem Donnerstagabend ein Entschluss, dieses Buch zu schreiben, um einer größeren Öffentlichkeit zu belegen, wie sich das Wohlbefinden tatsächlich halten und steigern lässt: durch Arbeit mit und an sich selbst, durch individuelle Weiterentwicklung mithilfe von „Profile Your Life!" – und nicht durch die Beachtung einer eindimensionalen Erfolgsformel, die für alle dieselbe ist. „Sorry, ich kenne die Zutaten zu dem Erfolgs- und Glücksrezept nicht, von dem Sie gehört haben. Ich fürchte, da sind Sie einem Scharlatan aufgesessen." Und so sitze ich nur wenige Wochen später an meinem Schreibtisch und verfasse diese Einleitung ...

Als in dem großen Menschheitsdrama schlechthin, Goethes Faust, der nach Wahrheit und Glück suchende Faust endlich den höchsten Augenblick erreicht hat, stirbt er: „Zum Augenblicke dürft ich sagen: / Verweile doch, du bist so schön! / Es kann die Spur von meinen Erdetagen / Nicht in Äonen untergehn. – / Im Vorgefühl von solchem hohen Glück / Genieß ich jetzt den höchsten Augenblick." (Faust. Der Tragödie zweiter Teil, Verse 11.581-11.586, siehe Goethe 2015) Just in dem Moment, in dem Faust das hohe Glück (fast) erreicht hat, muss er diese Welt verlassen.

Für mich heißt das: Das höchste Glück bleibt für uns Menschen letztendlich unerreichbar. Wir können uns diesem Zustand nur annähern, indem wir uns immer wieder auf die Suche nach ihm begeben. Mein Ziel ist: Sie werden (mit meiner Hilfe) Ihren individuellen Weg zu sich selbst und Ihrem individuellen und subjektiven Wohlbefinden finden. Ich will dabei gar nicht darauf hoffen, dass Sie Ihr Glück finden – dieser Anspruch ist vielleicht ein wenig anmaßend. Aber es sollte Ihnen zumindest gelingen, stetig zu wachsen und sich weiterzuentwickeln, um sich Schritt für Schritt einem idealtypischen Zustand anzunähern, der letztendlich nicht erreichbar ist. Eine Annäherung jedoch liegt im Bereich des Möglichen.

• **Stopp, Herr Vogelhuber! Ich habe dazu einen Einwand!**

: **Oliver Vogelhuber:** Wer sind Sie denn?

• Eine kritische Leserin, die Ihr Buch nicht einfach nur konsumieren, sondern mit Ihnen in einen Dialog treten, Fragen stellen und ab und zu auch einen Einwand formulieren will. Ich hoffe, Sie schrecken davor nicht zurück.

: **Oliver Vogelhuber:** Keineswegs. Die meisten Autorinnen und Autoren fragen sich ja während des Schreibprozesses, wie das Geschriebene beim Gegenüber ankommen und von ihm verstanden werden mag. Von daher will ich gern auf Ihre Fragen und Einwände eingehen.

• Ich hatte eigentlich erwartet, dass Sie mir mehr Anleitung geben, wie ich zu einem gelungenen Leben finden kann. Ein Annäherung – das ist mir zu wenig.

: **Oliver Vogelhuber:** Mit einer Anleitung kann und will ich nicht dienen. Die Aufforderung „Profile Your Life!" ergeht an Sie, nicht an mich. Ich verstehe mich eher als einen gleichfalls Suchenden, der Ihnen vorsichtige Hinweise gibt, wie Sie eine größere Lebenszufriedenheit erreichen können. Letztendlich sind Sie es selbst, die den Weg zu mehr Zufriedenheit und Wohlbefinden finden muss. Sehen Sie mich als einen Detektiv, der Ihnen unter Zuhilfenahme wissenschaftlicher Erkenntnisse hilft, den Fall zu lösen, oder besser ausgedrückt: der Sie dabei unterstützt, den Weg zu sich selbst und einem gesteigerten Wohlbefinden zu finden.

• Na gut, dann will ich mich darauf einlassen und bin gespannt, ob Sie den Fall tatsächlich lösen wie Arthur Conan Doyles „Sherlock Holmes".

: **Oliver Vogelhuber:** Sherlock Holmes? Warum nicht. Schalten Sie sich also ruhig ein, wenn Ihnen etwas unklar ist oder Sie etwas ergänzen wollen.

Zum Aufbau dieses Buches

Der Weg zu dem Zustand des individuellen Wohlbefindens, den ich Ihnen anbiete, ist ein offener und letztendlich nie abgeschlossener Prozess, den Sie immer wieder aufs Neue starten sollten. Was heißt das konkret? Die folgenden Schritte stehen im Fokus dieses Buches:

Kapitel 1: Allgemeine Informationen

Hier erfahren Sie Grundlegendes: Warum spielen die Erkenntnisse der Positiven Psychologie eine so große Rolle auf Ihrem Weg zum Wohlbefinden? Wann kann von einem gelungenen Leben gesprochen werden? Inwiefern unterstützt uns die Kraft der positiven Emotionen dabei, einen höheren Grad der Zufriedenheit zu erreichen?

Kapitel 2: Den Zustand des Wohlbefindens analysieren

Wer systematisch und dauerhaft sein subjektives Wohlbefinden optimieren möchte, muss erst einmal wissen, von welchem Ausgangspunkt er startet. Fort- und Rückschritte sind nur feststellbar und messbar, wenn der Ist-Zustand bekannt ist. Darum lernen Sie mit dem Oxford Happiness Questionnaire einen Fragebogen kennen, mit dem Sie das Niveau Ihres Wohlbefindens analysieren können. Der Fragebogen ist von der englischen Eliteuniversität Oxford entwickelt worden und gehört zu den renommiertesten Glückstests.

Kapitel 3: Zwölf Wohlfühlstrategien und 24 Feelgood-Impulse, die es in sich haben

In dem Hauptkapitel dieses Buches geht es um die sechs Felder des Wohlbefindens. Dabei lehne ich mich an die Erkenntnisse der Glücksforscherin Sonja Lyubomirsky an, die von den Glücksfeldern „Dankbarkeit und Optimismus", „Soziale Beziehungen", „Stressbewältigung", „Leben genießen/Flow-Erlebnisse", „Ziele setzen" und „Sich um Leib und Seele kümmern (Gesundheit)" spricht (Lyubomirsky 2018). Zu jedem der sechs Felder schlage ich Ihnen zwei Wohlfühlstrategien vor, die Sie dabei unterstützen, das Niveau Ihres Wohlbefindens zu halten oder gar zu steigern. Damit nicht genug. Ich unterfüttere jede der zwölf Wohlfühlstrategien mit zwei konkreten, in der Praxis bewährten Feelgood-Impulsen. Das heißt: Sie erhalten 24 detaillierte Empfehlungen und Hinweise, wie Sie zu einem gelungenen Leben gelangen.

Kapitel 4: Persönlichen Fahrplan zum Aufblühen entwickeln

Nun müssen Sie entscheiden, wie Sie die Wohlfühlstrategien und Feelgood-Impulse umsetzen wollen. Dabei gibt es mehrere Optionen. Ich empfehle Ihnen, den Test im vierten Kapitel zu nutzen, aus dessen Auswertung hervorgeht, welches Glücksfeld und welche Wohlfühlstrategien und Feelgood-Impulse für Sie am besten geeignet sind, um sich Ihren Wunsch nach mehr Wohlbefinden zu erfüllen. Der Test orientiert sich an Forschungserkenntnissen von Ken Sheldon und basiert auf den „Vogelhuber-spezifischen" Wohlfühlstrategien und Feelgood-Impulsen. Mithilfe der Testauswertung gelangen Sie zu Ihrem individuellen und persönlichen Fahrplan zu einem optimierten Niveau Ihres Wohlbefindens. Selbstverständlich steht es Ihnen frei, sich nicht allein an dem Testergebnis zu orientieren, sondern diejenigen Wohlfühlstrategien und Feelgood-Impulse umzusetzen, die Ihnen aus Ihrer Sicht am geeignetsten erscheinen. Es gilt:

> ***Sie entscheiden, denn Sie sind der Regisseur Ihres Lebens.***

Sie haben auf der Basis einer Ist-Analyse Maßnahmen festgelegt, die zu Ihrer Weiterentwicklung und Ihrem Wachstum beitragen. Dabei sind die Maßnahmen individuell auf Ihre Persönlichkeit und Ihre Mentalität abgestimmt. Sie starten mit den Maßnahmen, die optimal und am besten zu Ihnen passen. Und jetzt kommt die eigentliche Arbeit auf Sie zu – die Umsetzung.

Im Rahmen der Beschreibung der Feelgood-Impulse habe ich Ihnen bereits erste Umsetzungstipps gegeben. Wenn Sie bei diesem entscheidenden Schritt Umsetzungsunterstützung benötigen, stehe ich Ihnen gern mit Rat und Tat zur Seite. Nehmen Sie dazu einfach Kontakt mit mir auf. Schon jetzt der Hinweis: Um während und nach der Umsetzung der Feelgood-Impulse das konkrete Ausmaß Ihrer Weiterentwicklung festzustellen, sollten Sie die Analyse des Ist-Zustandes regelmäßig wiederholen!

Prüfen Sie, ob und inwiefern die Maßnahmen dazu geführt haben, das Niveau Ihres Wohlbefindens tatsächlich zu halten oder zu steigern. Das heißt: Ihr Weiterentwicklungsprozess beginnt wieder von vorn – denn jetzt ergreifen Sie ja wiederum Maßnahmen, um die (neuen) Impulse umzusetzen. Und so weiter. Es geht mithin nicht um die Erreichung eines wie auch immer gearteten Endzustandes Ihres Wohlbefindens, sondern um einen spiralförmigen kontinuierlichen Optimierungsprozess.

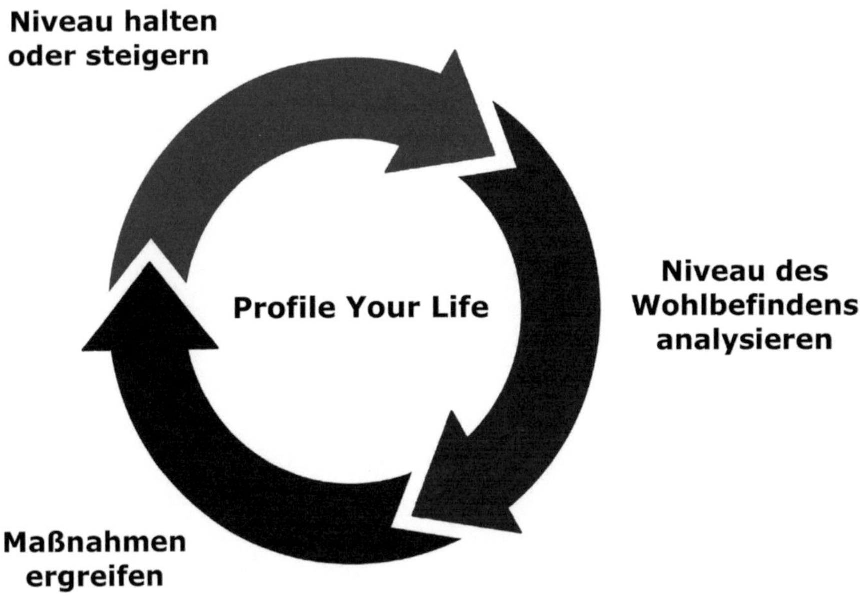

Kapitel 5: Stärken stärken und andere Menschen beim Aufblühen unterstützen

Sobald Sie die Kompetenz erworben haben, sich selbst weiterzuentwickeln, zu steuern und ein optimiertes Niveau des Wohlbefindens zu erreichen, sind Sie in der Lage, auch andere Menschen mit dem Wunsch anzustecken, gleichfalls zu wachsen und aufzublühen. Das gilt sowohl für den beruflichen als auch den privaten Bereich. Ihre stärkste Waffe dabei ist Ihre authentische Vorbildwirkung. Weil Sie Ihre Stärken kennen und ausbauen, können Sie mithilfe der Vorbildwirkung auch andere Menschen in Ihrem Umfeld dazu motivieren. Damit Ihnen dies gelingt, lernen Sie in diesem Kapitel, wie Sie Ihre Charakter- und Signaturstärken identifizieren und diese weiter stärken. Ihr Stärken- und Wachstumsmanagement versetzt Sie in die Lage, anderen Menschen als Vorbild zu dienen, dem diese nacheifern wollen, um gleichfalls aufzublühen.

Die Suche geht los!

Menschen, die sich wohl(er) fühlen, zufriedener sind und sich glücklich schätzen, haben meistens stabilere Beziehungen, sind oft gesünder und arbeiten häufig effizienter. Wohlbefinden verbessert das Miteinander und steigert die Leistungsfähigkeit – gerade in herausfordernden Zeiten, in denen wir zweifelsohne leben. Wohlbefinden trägt letztendlich auch zur Steigerung unserer Widerstandskräfte bei, erhöht also unsere Resilienz. Darum ist es so wichtig, dass Sie Ihr momentanes Wohlbefinden unter die Analyselupe legen und Ihren persönlichen Wohlfühlstrategien und Feelgood-Impulse auf die Spur kommen. Sobald Sie Ihre Glücksfelder und die für Sie angemessenen Strategien und Impulse identifiziert haben, können Sie es gezielt trainieren, sich selbst und anderen Menschen zu Wachstum verhelfen. Darum lassen Sie uns jetzt mit der Suche nach dem, was Ihr Wohlbefinden dauerhaft und nachhaltig steigern könnte, starten.

Zuvor aber noch dieser Hinweis: Auch bei der Suche nach einem nachhaltigen Wohlbefinden und Glücksempfinden ist die Gleichberechtigung aller Geschlechter eine Selbstverständlichkeit. Deshalb verwende ich zuweilen geschlechterneutrale Bezeichnungen, oft auch das generische Maskulinum, in den Beispielen nutze ich die weibliche und/oder die männliche Form. Immer jedoch gilt: Gemeint sind alle Menschen!

KAPITEL 1

Auf der Suche nach Ihrem Wohlbefinden

Was hat Ihnen dieses Kapitel zu bieten?

- Die Erkenntnisse der Positiven Psychologie helfen Ihnen, Ihr Wohlbefinden zu verbessern.
- Sie lernen die Kraft der positiven Emotionen kennen.
- Eine auf den ersten Blick eher unscheinbare pragmatische und realistische Vorgehensweise weist Ihnen den Weg zu Ihrem gewünschten Niveau des Wohlbefindens.

Die Bedeutung der Positiven Psychologie

Die Erkenntnisse der Positiven Psychologie sind ein zentraler Baustein, um das individuelle Wohlbefinden zu halten oder zu steigern.

> ***Der entscheidende Aspekt dieser wissenschaftlichen Disziplin besteht darin, dass wir selbst es sind, die es zu großen Teilen in der Hand haben, Probleme zu lösen, mit Schwierigkeiten konstruktiv umzugehen, Hindernisse und Blockaden auf die Seite zu schieben und Stolpersteine aus dem Weg zu räumen.***

Die „40-Prozent-Lösung"

Aber stimmt das wirklich? Sind wir tatsächlich Regisseure unseres Lebens? Nun, wahrscheinlich gibt es noch ein paar weitere

Einflüsse und Regisseure. Aber die Statisten unseres Lebens sind wir auch nicht. Ein Beispiel: Der Hirnforscher und Neurowissenschaftler Gerhard Roth betont, eine Persönlichkeit sei zwar „über Nacht nicht veränderbar (...), weil die Entwicklung der Persönlichkeit des Menschen (...) bereits in jungen Jahren in ihren Grundzügen weitgehend festgelegt“ sei. Immerhin aber, so Roth, seien Veränderungen doch in einem gewissen Rahmen möglich, nämlich indem „man nicht an der Grundstruktur der Persönlichkeit ansetzt, sondern am Verhalten“ (Bußmann 2019, S. 58). Von einer ähnlichen Prämisse gehen die Glücksforschung und die Positive Psychologie aus. Die Glücksforscherin Sonja Lyubomirsky (vgl. dazu Lyubomirsky 2018, S. 30-32) spricht davon, dass „50 Prozent unseres Glücksniveaus durch einen genetisch festgelegten ‚Fixpunkt‘ bestimmt werden.“ Sie führt diese Erkenntnis auf Ergebnisse der Zwillingsforschung zurück. Unser Glücksniveau ist demnach zu 50 Prozent angeboren und festgelegt. Des Weiteren seien zehn Prozent unseres Glückszustandes durch unser äußeres Umfeld beeinflusst. Demnach prägen Gene und Lebensumstände unser Glücksniveau zu 60 Prozent. Bleiben noch 40 Prozent übrig, was ist mit ihnen? Nun, sie sind entscheidend für unseren Weg zur Optimierung unseres Wohlbefindens. Denn das Niveau unseres Wohlbefindens und Glücks lässt sich zu 40 Prozent durch unser Verhalten und unsere Einstellungen, durch unser Denken und Handeln, durch unsere Haltungen beeinflussen. Lyubomirsky spricht folgerichtig von einer „40-Prozent-Lösung“ (ebd., S. 30).

Es sind genau diese 40 Prozent, auf die wir uns in diesem Buch fokussieren, also der Anteil des Wohlbefindens, auf den wir Einfluss nehmen können – durch unsere Verhaltensweisen, aber auch durch unsere Haltungen, Einstellungen, Überzeugungen und Denkweisen. Wenn wir zum Beispiel mit einer optimistischen Erwartungshaltung und mit positiven Emotionen an eine

Problemstellung herangehen, gelingt es uns eher, lösungsorientiert zu agieren. Eine tendenziell pessimistische Herangehensweise hingegen wird wohl dazu führen, dass es uns nicht gelingt, einen Stolperstein beiseitezuräumen. Darum ist es wichtig, sich auf die Gestaltung derjenigen Aspekte zu konzentrieren, die wir tatsächlich beeinflussen können

• **Stopp, Herr Vogelhuber! Ich habe dazu einen Einwand!**
Sie sagen, wir selbst hätten es in der Hand, Probleme zu lösen und Hindernisse zu umschiffen. Das hört sich für mich so an, als ob Menschen, denen es nicht so gut geht, selbst schuld sind an ihrem Schicksal, weil sie es einfach nicht genug wollen, eine Änderung herbeizuführen. Jedem Obdachlosen zu sagen, er sei selbst schuld an seiner Situation – das ist zynisch.

: **Oliver Vogelhuber:** Danke für den Einwand. Denn so kann ich gleich ein Missverständnis ausräumen. Die Vertreter des positiven Denkens behaupten, wer zum Beispiel arm und nicht erfolgreich sei, sei selbst schuld daran, weil er Gedanken habe, die eben nur zu Armut und Misserfolg führen könnten, und zu nichts anderem. Das ist grober Unfug und hat mit Positiver Psychologie nichts zu tun. Von Menschen, die in materiell äußerst prekären Verhältnissen leben und deren Grundbedürfnisse nicht abgesichert sind, kann und darf nicht erwartet werden, dass sie ihre Situation verbessern, indem sie lediglich ihre Einstellungen und Verhaltensweisen verändern. Ihnen muss auf andere Art und Weise geholfen werden. Insofern wendet sich dieses Buch an Leserinnen und Leser, die von ihren Lebensumständen und -verhältnissen überhaupt in der Lage sind, das Niveau ihres Wohlbefindens konstruktiv zu beeinflussen. Existenzielle materielle Sorgen und Ängste verhindern Wohlbefinden und Glück nicht immer, aber schmälern es zumindest. Und oft zerstören sie es sogar.

• Was mir ebenfalls übel aufstößt, ist die Verurteilung des Pessimismus. Eine pessimistische Grundhaltung kann dazu führen, sich auf alle

Eventualitäten vorzubereiten. Wir sind dann für den Fall der Fälle gut gewappnet.

: **Oliver Vogelhuber:** Auch richtig! Sowohl die optimistische als auch die pessimistische Grundhaltung haben ihre Daseinsberechtigung und ihre Vor- und Nachteile. Ein Optimist zum Beispiel, der sich maßlos überschätzt, kann großen Schaden anrichten. Notorischer Optimismus ist schädlich, der Optimismus als „Zaubertrank der Zuversicht" (Dworschak 2012) ist nicht immer hilfreich. Allerdings: Ohne Optimismus würden wir schwierige und komplexe Vorhaben gar nicht erst angehen. Andererseits gilt: Ein grundsätzlich schwarzmalerischer Pessimismus führt selten zur Steigerung des Wohlbefindens. Wenn die schlimmsten Erwartungen des Pessimisten dann doch nicht eintreten, auch weil er zuvor Vorsichtsmaßnahmen ergriffen hat, mag er zwar erleichtert sein. Aber ob sich so auch seine Lebenszufriedenheit entscheidend erhöht, darf bestritten werden.

• Na ja. Es ist immerhin der Psychologe und Nobelpreisträger und Daniel Kahneman, der sich als einen „‚defensiven Pessimisten'" bezeichnet hat. „‚Solche Leute rechnen vorsichtshalber stets mit dem Schlimmsten. Sie bereiten sich auf alle Eventualitäten vor. Aber dann tun sie auch ihre Arbeit.'" (Dworschak 2012, S. 125)

: **Oliver Vogelhuber:** Optimismus und Pessimismus haben eben beide ihren Nutzwert. Aber lassen Sie uns nun gleichfalls unsere Arbeit tun und mit der Beschreibung der Bedeutung der Positiven Psychologie für unser Thema fortfahren.

Positive Psychologie bedeutet Lösungsorientierung

Wahrscheinlich ist es zielführender, weniger von einer optimistischen oder pessimistischen Grundhaltung zu reden, sondern den Fokus auf die Lösungsorientierung zu legen. Problematisch bei dem Begriff der „Positiven Psychologie" ist, dass die meisten das Wort „positiv" als Wertung und als Hinweis darauf missverstehen, die Dinge grundsätzlich positiv zu sehen. Darauf macht Daniela Blickhan aufmerksam, die bei der Positiven Psychologie von einer Wissenschaft des gelingenden Lebens und Arbeitens spricht. Es gehe um Antworten auf die Frage, wie es Menschen gelingt, Stärken zu aktivieren und sich selbst, das Umfeld und die Gesellschaft insgesamt voranzubringen. Die Methoden und Interventionen dieser Wissenschaftsdisziplin haben zum Ziel, persönliches Wachstum, Lebenszufriedenheit und Leistungsfähigkeit zu fördern. Die Diplompsychologin betont: „Der zentrale Begriff **‚positiv'** ist nicht im Sinne einer Wertung zu verstehen, sondern **‚positiv'** bedeutet hier entsprechend seiner ursprünglichen Bedeutung (Lateinisch: positum) das Tatsächliche, das Vorgegebene." (Siehe dazu Blickhan 2018, S. 21-28, Zitat auf S. 25)

Ich möchte es in Anlehnung an Sonja Lyubomirsky (2018, S. 41) so formulieren:

> ***Bei der Positiven Psychologie geht es vor allem um lösungsorientiertes Wachstum und um die Erfahrung der Freude, der Zufriedenheit und des Wohlbefindens, wobei diese Erfahrung mit dem Gefühl einhergeht, dass das Leben gut, sinnvoll und lebenswert ist.***

Um es noch einmal zu betonen: Ob und wann Ihr Leben gut, sinnvoll und lebenswert ist, entscheiden Sie ganz allein: „Sei du selbst und lebe dir gemäß." Denn der eine Mensch spricht von einem gelungenen Leben, wenn er unzählbare Reichtürmer auftürmt, der andere, wenn er über einen möglichst kleinen ökologischen Fußabdruck verfügt, und der dritte, wenn er zahlreiche persönliche Beziehungen zu seinen Mitmenschen und seinem sozialen Umfeld aufbaut. Und das sind nur drei Beispiele für Entwürfe eines subjektiv gelungenen Lebens von unzähligen.

Parforceritt durch eine junge Wissenschaft

In dem Artikel „Bestandsaufnahme Positive Psychologie: Erwachsene Erkenntnisse“ gibt Nico Rose einen knappen und fundierten Überblick über die Geschichte der noch jungen Disziplin (siehe Rose 2022). Über Abraham Maslow und Nossrat Peseschkian schlägt er einen Bogen zu Martin E. P. Seligman, der als den wichtigsten Inhalt dieser Wissenschaft „positive (sprich: erstrebenswerte) Phänomene des menschlichen, organisationalen und sozialen Lebens“ bezeichnet (ebd., S. 68) und insbesondere mit seinem PERMA-Modell und dem Flourish-Ansatz (Seligman 2012) bahnbrechende Erkenntnisse zum Wesen eines gelingenden Lebens bereitgestellt und uns gezeigt hat, wie es gelingen kann, sich selbst und andere Menschen zum „Aufblühen“ zu bringen. Übrigens: Die Metapher „Menschen zum Aufblühen bringen“ stammt von Martin E. P. Seligman, der sie in seinem Buch „Flourish. Wie Menschen aufblühen. Die Positive Psychologie des gelingenden Lebens“ entwickelt hat. Sie beschreibt den dynamischen und erstrebenswerten Prozess der Weiterentwicklung und Entfaltung der uns innewohnenden Kräfte derart treffend, dass ich sie übernommen habe.

Als weitere Meilensteine der Entwicklung der Wissenschaft der Positiven Psychologie nennt Rose den Salutogenese-Ansatz von Aaron Antonovsky, bei dem das körperliche Wohlbefinden, unsere Gesundheit, in den Mittelpunkt rückt. Und natürlich den Meister des „Flow“, den Kreativitätsforscher Mihály Csíkszentmihályi, der zusammen mit Martin E. P. Seligman den Artikel „Positive Psychology“ veröffentlicht hat, in dem die beiden Forscher zuallererst die Zielsetzungen und die Stoßrichtung der Positiven Psychologie beschrieben und so den Grundstein für diese Disziplin gelegt haben (Seligman, Csíkszentmihályi 2000).

Damit möchte ich den kleinen historischen Rückblick auf die wichtigsten Protagonisten der Positiven Psychologie abschließen – einen Rückblick, den Autorinnen und Autoren wie Nico Rose (2022, 2021) und Daniela Blickhan (2018) sehr viel detaillierter referieren. Wichtig für mich und meinen praxisorientierten Ansatz sind die positiven Emotionen, die im Rahmen der Positiven Psychologie eine zentrale Rolle spielen, worauf wiederum Nico Rose aufmerksam macht. Er spricht von vier Wellen (Rose 2022), deren erste davon geprägt gewesen sei, zu erforschen, was ein gutes Leben ist und wie es sich erreichen und realisieren lasse. Dabei standen die positiven Phänomene und die allzu ausschließliche Konzentration auf das Erleben einzelner Personen im Vordergrund, nach dem Motto: Eifere der Person xy nach und du wirst glücklich! Übrigens: Dies hat einige Autoren zu der – aus meiner Sicht falschen – Ansicht kommen lassen, es gäbe so etwas wie eine Glücksformel, und damit einen sicheren Weg zu einem unbegrenzten Glücksgefühl.

Im Rahmen der zweiten Welle rückten laut Nico Rose die positiven Aspekte des Negativen in den Mittelpunkt. Es habe sich nämlich gezeigt, dass der Mensch auch durch Schicksalsschläge und ähnliche Erlebnisse in einem guten Sinn wachsen könne. „Insofern sei auch die Frage, was ein gutes Leben ausmacht, nicht ausschließlich mit dem Verweis auf positive Phänomene zu beantworten." (Ebd., S. 71) Die dritte Welle sei geprägt von einer systemischen Betrachtungsweise, in deren Mittelpunkt das „Wohlbefinden von Systemen und die wechselseitigen Einflüsse dieser Systeme" und das „große Ganze" stünden. Rose findet ein treffendes Bild: „Insgesamt ist nach meinem Dafürhalten ein Reifungsprozess zu beobachten: Ähnlich, wie Kinder das Recht haben, sich zunächst vorrangig um sich selbst zu kümmern, so müssen sie mit dem Erwachsenwerden lernen, dass das eigene Wohlbefinden mit schöner Regelmäßigkeit vom Wohlergehen anderer Menschen abhängt." (Ebd., S. 73) Das heißt, der soziale Faktor hat Eingang in die Wissenschaft der Positiven Psychologie gefunden.

Von der Kraft der positiven Emotionen

Zu guter Letzt betont Nico Rose die Beschäftigung mit den positiven Emotionen als elementaren Forschungsgegenstand der Positiven Psychologie. Im Unterschied zu den negativen Emotionen, die „einen kontrahierenden, die Aufmerksamkeit fokussierenden, Probleme bekämpfenden Charakter" haben – und damit vor allem der Vergangenheitsbewältigung dienen –, zeichnen sich positive Emotionen dadurch aus, dass sie „einen expandierenden, die Aufmerksamkeit erweiternden, Ressourcen generierenden Charakter" haben. Was heißt das konkret? Während Emotionen wie zum Beispiel Angst, Trauer und Wut vor allem helfen, in der Vergangenheit liegende Probleme zu lösen, helfen Emotionen wie etwa Zuversicht und Begeisterung dabei, Ressourcen und Potenziale freizusetzen, zu entfalten und zu entwickeln. So stehen sie der zukunftsorientierten Problemlösung zur Verfügung. Rose resümiert: „Und so hat die Positive Psychologie verlässlich gezeigt: Menschen, die sich häufiger als glücklich (im weitesten Sinne) betrachten, sind über verschiedene Domänen hinweg beruflich erfolgreicher, mit höherer Wahrscheinlichkeit glücklich liiert und leben im Mittel etwas länger." (Ebd., S. 73).

Dieser Befund deckt sich weitgehend mit meiner Erfahrung. Und darum ist es bei Ihrem Vorhaben, Ihrem Leben Profil zu geben, so elementar wichtig, die negativen Emotionen zwar nicht zu verdrängen, aber ihnen auch keine Herrschaft über Ihr

Leben einzuräumen, sondern sie – zum Beispiel mit der Reframing-Technik– in einen konstruktiven Rahmen zu stellen. Bei dem berühmt-berüchtigten Glas Wasser, das entweder halb leer (was der Pessimist vermutet) oder halb voll ist (was der Optimist vermutet), ist es meiner Ansicht nach zielführend, einen realistischen Blick zu entwickeln.

Es geht mithin nicht um eine optimistische oder pessimistische, sondern um eine realistische Haltung – das Glas Wasser ist nicht halb leer oder halb voll, sondern beides. Es kommt darauf an, was Sie daraus machen.

Ein einschneidendes Erlebnis

Wir dürfen den negativen Emotionen keine Herrschaft über unsere Gedanken einräumen: Ich erinnere mich an ein prägendes Leseerlebnis aus meiner Jugend. Wir mussten in der Schule den schwer verdaulichen „Zauberberg" von Thomas Mann lesen. Wahrscheinlich befinden sich unter meinen Leserinnen und Lesern einige, die Manns Werk ebenfalls behandelt haben und den literarischen Wert der Geschichte von Hans Castorp erst sehr viel später zu schätzen wussten. Aber es gibt eine Szene in dem Meisterwerk, die mich bereits damals fasziniert, intensiv beschäftigt und nachhaltig geprägt hat. Es handelt sich um das berühmte „Schnee"-Kapitel (Mann 1982, S. 493-525), in dem Hans Castorp, „das Sorgenkind des Lebens", während eines Ausflugs in einen Schneesturm gerät und in luftiger Höhe, mehr im Wahn als bei Bewusstsein, der Versuchung zu erliegen droht, aufzugeben, sich der Auflösung hinzugeben und zu sterben. Hin und her gerissen zwischen den verschiedensten Empfindungen, gelangt er zu der Einsicht, es sei falsch, dem Tode Herrschaft über seine Gedanken einzuräumen. „Das Sorgenkind des Lebens" will sich der Güte und Menschenliebe anvertrauen: „Der Mensch soll um der Güte und Liebe willen dem Tode keine Herrschaft einräumen über seine Gedanken.“ – Im Gegensatz zu Hans Castorp, der schon wenige Stunden später, glücklich dem Schneesturm entronnen, schon nicht mehr versteht, was er dort oben in der Höhe gedacht hat, hat mich die Lektüre zu der Überzeugung geführt, dass wir den negativen Emotionen und Gedanken keinesfalls die Herrschaft über unser Leben einräumen dürfen. Wir dürfen sie nicht verdrängen, aber Richtschnur unseres Denkens und Handels sollen die positiven Emotionen und Gedanken sein.

Pragmatismus ist der beste Weg

Auf der Suche nach unserem Wohlbefinden sollten wir die Erkenntnisse der Positiven Psychologie und insbesondere die positiven Gedanken und die positiven Emotionen als Helfer nutzen. Um es nochmals zu betonen: Es geht primär um die Nutzung der energievollen und aktivierenden Kräfte, die aus motivierenden Haltungen, Überzeugungen und Einstellungen erwachsen können, die wiederum auf dem Fundament realistischer Einschätzungen gründen. Auch die Wissenschaft findet immer mehr Belege für die Kraft einer förderlichen Einstellung. Der Psychiater und Resilienzforscher Klaus Lieb konstatiert angesichts der Corona-Pandemie, jenen Menschen, „die schon immer eher positiv aus Leben blicken“, würde es leichter fallen, mit der Krise angemessen umzugehen und besser mit den Folgen klarzukommen. Er betont, dass es entscheidend sei, sich bewusst zu machen, „was einem wichtig ist“ (Thimm 2021, S. 53). Darum ist es meiner Ansicht nach so elementar wichtig, sich seiner Visionen und Ziele bewusst zu sein, denn darin spiegelt sich das wider, was für einen Menschen von überragender und besonderer Bedeutung ist.

Die Hirnforschung beschreibt, dass stabile soziale Beziehungen, Lebensbejahung und nach vorn weisende Gedanken durchaus gesund machen könnten (vgl. dazu Blech 2013). Aber Achtung: Dabei geht es nicht darum, sich gleichsam gesund zu denken, sondern darum, mithilfe etwa der Meditation mehr Gelassenheit aufzubauen, Stress zu vermindern und zu einem Ausgleich zwischen Anspannung und Entspannung zu gelangen. Für unseren Zusammenhang ist wichtig, dass es mit einiger Wahrscheinlichkeit nicht zielführend sein kann, sich zu intensiv mit negativen Dingen zu beschäftigen und sich auf niederdrückende Gedanken zu fokussieren. Warum nur tun gerade dies so viele Menschen?

Dies scheint auch eine kulturelle Frage zu sein. Denn der optimistische und positiv gestimmte Mensch wird oft als Naivling verunglimpft, der die Risiken ausblende, während dem Schwarzseher, der mit hohem Problembewusstsein agiert, mehr Vernunft und Verantwortungsbewusstsein attestiert wird. So jedenfalls die landläufige Auffassung und Wahrnehmung. Guido Mingels hat zehn Vermutungen darüber angestellt, warum sich Bedenkenträger oft einer Bewunderung erfreuen, von der die Optimisten – und ich ergänze: die Realisten – nur träumen können. Die Überbringer der schlechten Nachricht und die Warner mit dem Stoppschild scheinen eher gehört zu werden als die Mutmacher: „Der Pessimist betont das Unglück des Augenblicks, während der Optimist im Grunde über das permanente Nichteintreten negativer Ereignisse sprechen muss – leider ein Rezept für Langeweile. ‚Seit Jahrzehnten kein neuer Anstieg der Kindersterblichkeit in Afrika' ist eine schlechte Schlagzeile." (Mingels 2017, S. 48) Nicht umsonst stehen im Mittelpunkt der medialen

Berichterstattung meistens die tragischen Ereignisse. Dies ist auch ein Reflex des Selbstverständnisses der medialen Berichterstatter, die sich – wohl zu Recht – vor allem zur kritischen Sicht der Dinge aufgefordert fühlen. Und das ist vollkommen in Ordnung so. Es hat allerdings dazu geführt, dass derjenige, der die Hoffnung weckende Nachricht in den Vordergrund stellt, rasch als blauäugiger Biedermann bloßgestellt oder gar verspottet wird.

Die positiven Utopien und die realistische Fortschreibung dessen, was ist und zu beobachten ist, haben es schwerer als die in dunklen Tönen vorgetragenen Dystopien oder negativen Utopien, die uns einen Schauer nach dem anderen über den Rücken jagen. „Okay, im nächsten Jahr wird sich nicht so viel ändern" – das mögen sich zwar viele wünschen, aber bei wem führt das zu einem Gänsehautfeeling? Darum ist mein Vorschlag:

> ***Die energieraubende Diskussion um die Vor- und Nachteile der Denkhaltungen und der optimistischen und pessimistischen Lebenseinstellungen wird durch eine pragmatische Sichtweise ersetzt.***

Diese pragmatische Perspektive begleitet uns durch die nächsten Kapitel. Zunächst einmal stellen Sie sachlich mithilfe eines Tests fest, auf welchem Niveau des Wohlbefindens Sie sich befinden – eine glasklare und nüchterne Beschreibung Ihres Ist-Zustandes ist das Ziel. So verfügen Sie über eine Plattform, von der aus Sie Veränderungen und Anpassungen in Gang setzen können, um möglichst eine Verbesserung zu erreichen. Dazu stellen Sie fest, welche Veränderungen und Anpassungen am besten zu Ihnen passen und mit welchen Verhaltensweisen Ihnen dies gelingt. Nach der Mühsal der Umsetzungsarbeit dieser Veränderungen und Anpassungen prüfen Sie, wo sich jetzt das

Niveau Ihres Wohlbefindens befindet. Und dann gehen Sie den nächsten Schritt.

- **Stopp, Herr Vogelhuber! Ich habe dazu einen Einwand!**
  Also allzu spektakulär hört sich diese pragmatische Vorgehensweise nun wirklich nicht an.

: **Oliver Vogelhuber:** Wenn Sie das so empfinden, habe ich eines meiner Ziele erreicht. Denn ich grenze mich ab gegen die Heilsversprecher und Erwecker falscher, übertriebener und letztlich vollkommen unrealistischer Hoffnungen, die behaupten, es gäbe für uns alle eine Formel, die automatisch zum und ins Glück führe. Ich möchte gemeinsam mit meinen Leserinnen und Leser einen gangbaren Weg finden, der ihnen aufzeigt, welche konkreten Verhaltensweisen ihnen helfen, ihr Niveau des Wohlbefindens zu optimieren.

- An welche Verhaltensweisen denken Sie?

: **Oliver Vogelhuber:** Im dritten Kapitel wird es zahlreiche Handlungsimpulse geben, die mit konkreten Verhaltensweisen verknüpft sind. Aber ich greife voraus, jetzt sollten wir uns erst einmal um die angesprochene sachliche Beschreibung jenes Ist-Zustandes kümmern.

Kapitelfazit

- Die Lösungsorientierung der Positiven Psychologie und die Kraft der positiven Emotionen und Gedanken helfen Ihnen dabei, Ihrem Leben Profil zu geben und aufzublühen.
- „Profile Your Life!“ gelingt am ehesten mithilfe einer pragmatischen Sichtweise, nicht durch unrealistische Glücksversprechen, durch die die Menschen sich oft nur veranlasst sehen, sich unerreichbare Ziele zu setzen.

KAPITEL 2

Analysieren Sie mit dem Oxford Happiness Questionnaire den momentanen Zustand Ihres Wohlbefindens

Was hat Ihnen dieses Kapitel zu bieten?

- Der Happiness-Markt boomt, umso wichtiger ist es, das Thema mithilfe seriöser Informationen anzugehen.
- Der Oxford-Happiness-Test gehört zu den anerkannten und renommierten Tests, mit denen Sie das Niveau Ihres Wohlbefindens feststellen können.

Von der Subjektivität des Glücks und Wohlbefindens

Wer bisher eine konkrete Definition dessen vermisst, was ich unter „Glück“ verstehe, dem sei gesagt: Ich möchte nicht schlauer sein als all die Philosophen, die sich im Rahmen ihres jeweiligen philosophischen Gedankengebäudes den Kopf darüber zerbrochen haben, was unter Glück eigentlich zu verstehen sei. Jeder Mensch sollte seine persönliche Strategie entwickeln und seine eigene Methode finden, die ihm dabei hilft, aufzublühen.

> ***Aus meiner Sicht ist entscheidend, dass Glück und auch Wohlbefinden höchst subjektive Angelegenheiten sind und eine allgemeinverbindliche Definition nicht möglich ist.***

Und das nicht nur, aber auch, weil wir Dinge wie Glück stets durch einen Vergleich definieren: Wir vergleichen unseren Zustand, unsere Lebensumstände, unsere derzeitige Situation und uns selbst mit anderen Menschen und deren Lebensumständen und gelangen so zu einer Ansicht dessen, was wir unter Glück verstehen. Je nachdem, mit wem wir uns in ein Verhältnis setzen, kann es dabei zu Recht unterschiedlichen Einschätzungen kommen. Die Vergleichsmaßstäbe sind also stets zu berücksichtigen. Ähnliches gilt übrigens bei der Einschätzung, ob man sich für arm, wohlsituiert, wohlhabend, reich oder gar megareich hält. Wobei das Vergleichen nicht nur zur Feststellung dessen, inwiefern man sich für glücklich hält, führen kann, sondern auch zum Gegenteil.

„Das Vergleichen ist das Ende des Glücks und der Anfang der Unzufriedenheit" - das Zitat wird dem dänischen Philosophen und Schriftsteller Søren Kierkegaard zugeschrieben. Denn natürlich wird es immer eine Person geben, die im Vergleich zu einem selbst „besser" abgeschnitten hat. Vielleicht ist es zielführend, für sich selbst festzulegen, was man unter Glück versteht und welche Kriterien erfüllt sein müssen, um von einem hohen Wohlbefinden zu sprechen, und dabei - so schwer das ist - sich nicht mit anderen Menschen vergleicht. Angenehmer Nebeneffekt: Sie entwickeln Resilienz gegenüber den Versuchungen der Werbung, die meistens darauf abzielt, Wünsche in uns zu wecken, die sich andere Personen erfüllt haben.

Ich möchte mich nicht vor der Aussage drücken, was ich unter „Glück" und „Wohlbefinden" verstehe: „Ich kann kurz antworten. Der Mensch wird nur glücklich, wenn er alle seine Fähigkeiten und Möglichkeiten entfalten und benutzen kann." Diese Antwort stammt aus „Sofies Welt. Roman über die Geschichte der Philosophie" (Gaarder 1993, S. 140) und steht in dem Kapitel über Aristoteles, der in seiner Tugendlehre und Ethik den goldenen Mittelweg als den geeignetsten Weg zum Glück ansah. Gleichgewicht und Mäßigung ohne Ausschläge in die Extreme sind geeignet, dass wir Menschen zu unserem Glück finden. Wenn es einem Menschen gelingt, seine Kompetenzen, Potenziale und Talente gleichmäßig auszubilden und auszubauen, und wenn er Tätigkeiten nachgehen darf und kann, die es ihm erlauben, eben diese Kompetenzen, Potenziale und Talente zu entfalten und einzusetzen, wird sich sein Zufriedenheits- und Glückslevel mit einiger Wahrscheinlichkeit erhöhen. Ob er sich dann auch als glücklichen Menschen bezeichnen darf, bleibt dahingestellt, denn letztendlich spielen bei der Beschreibung eines Glückszustandes derart viele Faktoren eine Rolle, dass sich eigentlich jede generalisierende und Allgemeingültigkeit beanspruchende Aussage verbietet. Darum möchte ich auch hier dem Pragmatismus das Wort reden: Wichtig für unsere Zielsetzung ist ein Test, mit dem sich möglichst unstrittig der momentane Zustand Ihres Wohlbefindens eruieren lässt.

„Ab jetzt mache ich nur noch das, was ich wirklich will!"

Vor fast 15 Jahren, also 2008, habe ich mich selbstständig gemacht, dabei so gut wie jeden Auftrag angenommen, den ich erjagen konnte, Hauptsache, es kam etwas Geld in die Kasse. Lebte ich das Leben, das ich leben wollte? Ich glaube nicht. Mit Selbstbestimmung hatte das wenig zu tun, eher mit Fremdbestimmung ... Über sieben Jahre lang bin ich durch die Hölle gegangen, habe das Leben eines Getriebenen geführt. Scheidung, schlechte Auftragslage, Schulden in sechsstelliger Höhe, Existenzkampf pur, und vor allem: die Allianz mit „Freund" Alkohol, dem großen Problemlöser und Täuscher. In dieser Zeit habe ich exzessiv gelebt, an manchen Tagen geradezu gefressen und gesoffen. Menschen, die mir lieb und teuer waren, begannen an mir zu zweifeln, wendeten sich von mir ab. Am schlimmsten aber war der Blick in den Spiegel ...

Dann der große Knall, 2016, an meinem 50. Geburtstag! Intensivstation im Westend-KH in Berlin, Darmperforation – eine Darmruptur kann zu einem ganz schlechten Ende führen. Die Ärzte kämpften um mein Leben, zumindest um meine Gesundheit. Jeder, der sich schon einmal in einer ähnlichen Situation befunden hat, weiß, dass man ins Grübeln kommt, ins Nachdenken gerät und sich sehr grundsätzliche Fragen stellt. Wie ist mein Leben bisher verlaufen? Wie soll es zukünftig ausschauen? Was muss ich ändern?

Was bereuen wir Menschen? Bronnie Ware hat darüber ein berührendes Buch geschrieben (Ware 2015). Besonders glaubwürdig sind Äußerungen todkranker Menschen, die kurz vor ihrem Tod berichten, was sie anders machen würden, wenn sie eine zweite (Lebens-)Chance erhielten. Mit solchen Menschen hat Bronnie Ware gesprochen. Auf Platz 1 der „5 Dinge, die Sterbende am meisten bereuen": Sie wünschen sich, sie hätten den Mut gehabt, ihr eigenes Leben zu leben und das zu tun, was sie wirklich tun wollten. Sie beklagen, sie hätten sich allzu häufig an anderen Menschen orientiert und darum versucht, fremden Erwartungen und Rollenklischees zu entsprechen. Auch mit dabei (auf Platz 5): die Erlaubnis an sich selbst, glücklicher zu sein.

Mein Entschluss damals auf der Intensivstation ist klar: „Olli, ab jetzt macht du nur noch das, was du wirklich willst. Was du schon immer tun wolltest, was aber unter all dem Alltagsschutt verborgen und vom großen Problemlöser vernebelt und verdeckt worden ist." Und dieses „Was du wirklich willst" ist, Glück, Freude und Licht unter die Menschen zu bringen und sich selbst dabei nicht vergessen. Denn nur wenn ich weiß, was mich selbst zufriedener macht und mein Wohlbefinden steigert, kann ich andere Menschen dabei unterstützen, zu einem glücklicheren Leben zu finden.

Der Weg dahin steht mir seitdem vor Augen: Profile Your Life! Das eigene Wohlbefinden mithilfe persönlicher Wohlfühlstrategien und Feelgood-Impulse steigern, die persönlichen dominanten Charakterstärken erkennen und ausbauen – und dann die Vorbildwirkung nutzen, um andere Menschen zu unterstützen, gleichfalls aufzublühen.

Der Blick in den Spiegel – im Laufe der Jahre erblicke ich dort immer mehr den Menschen, der ich sein will und der eigentlich schon immer in mir steckt!

Ermitteln Sie das derzeitige Niveau Ihres Wohlbefindens

Ich bin nicht der erste Berater und Coach, der den von den Psychologen Peter Hills und Michael Argyle an der Universität Oxford entwickelten Oxford-Happiness-Test nutzt (Hills; Argyle), um gemeinsam mit Seminarteilnehmern und anderen Interessierten das Level des Wohlbefindens eines Menschen festzustellen. Und selbstverständlich gibt es weitere Möglichkeiten, diese Analyse durchzuführen. Die Glücksforscherin Sonja Lyubomirsky zum Beispiel setzt neben dem Oxford Happiness Questionnaire einen eigenen Test ein, der vier Fragen umfasst. Auf einer Skala von 1 bis 7 legen die Probanden fest (Lyubomirsky 2018, S. 42),

- ob sie sich im Großen und Ganzen für keinen oder einen sehr glücklichen Menschen halten,
- ob sie sich im Vergleich mit den Menschen in ihrer Umgebung für weniger glücklich oder glücklicher halten (hier wird der oben angesprochene Bezug zum Vergleich mit anderen Menschen sehr deutlich),

- wo sie sich bezüglich der folgenden Feststellung verorten (trifft gar nicht zu – trifft voll zu): „Manche Menschen sind im Großen und Ganzen sehr glücklich. Sie genießen das Leben unabhängig von ihrer Situation und machen aus ihrem Leben das Beste", und
- wo sie sich bezüglich einer zweiten Feststellung verorten (trifft voll zu – trifft gar nicht zu zu): „Manche Menschen sind im Großen und Ganzen sehr unglücklich. Auch wenn sie nicht unter Depressionen leiden, scheinen sie nie so glücklich zu sein, wie sie es gern wären."

Auf der Webseite https://positivepsychology.com/measure-happiness-tests-surveys/ (Sugay 2022) finden Sie gleich mehrere Glückstests, darunter den Oxford Happiness Questionnaire und den erwähnten Test nach Sonja Lyubomirsky. Einige der Tests können Sie dort herunterladen, zudem verweist Celine Sugay auf einige Apps, mit denen sich der momentane Glückszustand und das derzeitige Glücksempfinden messen lassen. Ich werde Ihnen gleich den aus meiner Sicht geeignetsten Test vorstellen und Ihnen zeigen, wie Sie ihn für sich nutzen können. Allerdings: Falls Sie der Ansicht sind, einer der anderen Glückstests sei geeigneter, so sollten Sie mit diesem Test arbeiten. Wichtig ist, ihn durchgehend zu nutzen und nicht zwischendurch das Testpferd zu wechseln. Denn mit dem Test verfolgen Sie ja das Ziel, Veränderungen Ihres subjektiv empfundenen Wohlbefindens festzustellen.

Es ist daher (fast) gleichgültig, welchen Happiness-Test Sie verwenden; es sollte jedoch die Vergleichbarkeit gewährleistet sein, damit Sie (im vierten Kapitel) prüfen können, ob meine Wohlfühlstrategien und Feelgood-Impulse Sie unterstützen konnten, das Niveau Ihres Wohlbefindens zu halten oder zu steigern.

Der Oxford Happiness Questionnaire genießt den Vorteil, mit 29 Fragen sehr komplex zu sein und aufgrund seiner Fragestellungen das momentane Wohlempfinden des Probanden gut abzubilden. Es ist ratsam, sich die Fragen, die ich zum Teil leicht umformuliert habe, damit sie klarer sind, in Ruhe durchzulesen, sich jedoch zugleich mit der Beantwortung nicht zu viel Zeit zu lassen. Oft ist die spontane Antwort, die Ihnen zuallererst einfallt, die für Sie zutreffende.

Bei den Fragen entscheiden Sie jeweils, welcher Grad der Zustimmung für Sie relevant ist. Wenn Sie unsicher sind, wo Sie sich verorten sollen, sollten Sie Ihren Eintrag bei der Antwort vornehmen, die allgemein gesprochen für Sie am ehesten und sehr häufig gilt. Tragen Sie die Zahl Ihrer Antwort in das jeweilige Feld ein:

1. = Dieser Aussage stimme ich absolut nicht zu.
2. = Dieser Aussage stimme ich nicht zu.
3. = Dieser Aussage stimme ich eher nicht zu.
4. = Dieser Aussage stimme ich eher zu.
5. = Dieser Aussage stimme ich zu.
6. = Dieser Aussage stimme ich absolut zu.

Und nun viel Erfolg beim Ausfüllen des Oxford Happiness Questionnaire:

	Stimme überhaupt nicht zu	*Stimme nicht zu*	*Stimme eher nicht zu*	*Stimme teilweise zu*	*Stimme zu*	*Stimme vollkommen zu*
1. Ich fühle mich nicht besonders wohl mit der Art, wie ich bin. *(Achtung: umgekehrte Bewertung)*	☐ 1	☐ 2	☐ 3	☐ 4	☐ 5	☐ 6
2. Ich bin intensiv an anderen Menschen interessiert.	☐ 1	☐ 2	☐ 3	☐ 4	☐ 5	☐ 6
3. Ich halte das Leben für sehr lohnend.	☐ 1	☐ 2	☐ 3	☐ 4	☐ 5	☐ 6
4. Ich empfinde sehr positive Gefühle für fast jeden Menschen.	☐ 1	☐ 2	☐ 3	☐ 4	☐ 5	☐ 6
5. Ich wache selten ausgeruht auf. *(Achtung: umgekehrte Bewertung)*	☐ 1	☐ 2	☐ 3	☐ 4	☐ 5	☐ 6
6. Ich bin wenig optimistisch bezüglich der Zukunft. *(Achtung: umgekehrte Bewertung)*	☐ 1	☐ 2	☐ 3	☐ 4	☐ 5	☐ 6
7. Ich finde die meisten Dinge amüsant.	☐ 1	☐ 2	☐ 3	☐ 4	☐ 5	☐ 6
8. Ich bringe mich oft ein und engagiere mich.	☐ 1	☐ 2	☐ 3	☐ 4	☐ 5	☐ 6
9. Das Leben ist gut.	☐ 1	☐ 2	☐ 3	☐ 4	☐ 5	☐ 6

	Stimme überhaupt nicht zu	*Stimme nicht zu*	*Stimme eher nicht zu*	*Stimme teilweise zu*	*Stimme zu*	*Stimme vollkommen zu*
10. Ich glaube, dass die Welt kein guter Ort ist. *(Achtung: umgekehrte Bewertung)*	☐ 1	☐ 2	☐ 3	☐ 4	☐ 5	☐ 6
11. Ich lache viel.	☐ 1	☐ 2	☐ 3	☐ 4	☐ 5	☐ 6
12. Ich bin mit vielem in meinem Leben zufrieden.	☐ 1	☐ 2	☐ 3	☐ 4	☐ 5	☐ 6
13. Ich finde, dass ich nicht attraktiv bin. *(Achtung: umgekehrte Bewertung)*	☐ 1	☐ 2	☐ 3	☐ 4	☐ 5	☐ 6
14. Es besteht eine große Kluft zwischen dem, was ich gern tun möchte, und dem, was ich tatsächlich getan habe. *(Achtung: umgekehrte Bewertung)*	☐ 1	☐ 2	☐ 3	☐ 4	☐ 5	☐ 6
15. Ich bin sehr glücklich.	☐ 1	☐ 2	☐ 3	☐ 4	☐ 5	☐ 6
16. Ich finde viele Dinge schön.	☐ 1	☐ 2	☐ 3	☐ 4	☐ 5	☐ 6
17. Mir gelingt es oft, andere Menschen aufzuheitern.	☐ 1	☐ 2	☐ 3	☐ 4	☐ 5	☐ 6
18. Ich finde Zeit für alles, was ich tun will.	☐ 1	☐ 2	☐ 3	☐ 4	☐ 5	☐ 6

	Stimme überhaupt nicht zu	*Stimme nicht zu*	*Stimme eher nicht zu*	*Stimme teilweise zu*	*Stimme zu*	*Stimme vollkommen zu*
19. Ich glaube, ich habe nicht oft besonders viel Kontrolle über mein Leben. *(Achtung: umgekehrte Bewertung)*	☐ 1	☐ 2	☐ 3	☐ 4	☐ 5	☐ 6
20. Ich habe den Mut, die Dinge anzugehen, egal, was es ist.	☐ 1	☐ 2	☐ 3	☐ 4	☐ 5	☐ 6
21. Ich fühle mich geistig rege und wach.	☐ 1	☐ 2	☐ 3	☐ 4	☐ 5	☐ 6
22. Ich empfinde oft Freude und habe oft Hochgefühle.	☐ 1	☐ 2	☐ 3	☐ 4	☐ 5	☐ 6
23. Ich finde es schwer, Entscheidungen zu treffen. *(Achtung: umgekehrte Bewertung)*	☐ 1	☐ 2	☐ 3	☐ 4	☐ 5	☐ 6
24. Ich sehe keinen besonderen Sinn und Zweck in meinem Leben. *(Achtung: umgekehrte Bewertung)*	☐ 1	☐ 2	☐ 3	☐ 4	☐ 5	☐ 6
25. Ich verfüge über sehr viel Energie.	☐ 1	☐ 2	☐ 3	☐ 4	☐ 5	☐ 6
26. Ich kann die Geschehnisse in meinem Leben meistens gut beeinflussen.	☐ 1	☐ 2	☐ 3	☐ 4	☐ 5	☐ 6
27. Ich habe keinen Spaß mit anderen Menschen. *(Achtung: umgekehrte Bewertung)*	☐ 1	☐ 2	☐ 3	☐ 4	☐ 5	☐ 6

	Stimme überhaupt nicht zu	*Stimme nicht zu*	*Stimme eher nicht zu*	*Stimme teilweise zu*	*Stimme zu*	*Stimme vollkommen zu*
28. Ich fühle mich nicht besonders gesund. *(Achtung: umgekehrte Bewertung)*	☐ 1	☐ 2	☐ 3	☐ 4	☐ 5	☐ 6
29. Ich habe keine sehr glücklichen Erinnerungen. *(Achtung: umgekehrte Bewertung)*	☐ 1	☐ 2	☐ 3	☐ 4	☐ 5	☐ 6

Die Testauswertung ist nicht ganz einfach, denn bei einigen Aussagen müssen Sie bei der Punktevergabe „umdenken“: Bei den Aussagen, die mit dem Hinweis „Achtung: umgekehrte Bewertung“ versehen sind, nehmen Sie die folgende Punktevergabe vor:

- Ersetzen Sie die „1“ durch eine „6“.
- Ersetzen Sie die „2“ durch eine „5“.
- Ersetzen Sie die „3“ durch eine „4“.
- Ersetzen Sie die „4“ durch eine „3“.
- Ersetzen Sie die „5“ durch eine „2“.
- Ersetzen Sie die „6“ durch eine „1“.

Dies ist bei den zwölf Aussagen 1, 5, 6, 10, 13, 14, 19, 23, 24, 27, 28 und 29 der Fall. Nun addieren Sie die Zahlen aller 29 Fragen. Nochmals sei vorsichtshalber betont: Bei den zwölf Aussagen, die Sie „umgekehrt“ bewertet haben, verwenden Sie die neuen Zahlen.

Die Zahl, die Sie durch die Addition aller Werte erhalten haben, teilen Sie nun noch durch 29. Sie erhalten eine Zahl, die zwischen 1 und 6 liegt. Notieren Sie sich das Datum, an dem Sie den Test durchgeführt haben, damit Sie die Veränderungen vergleichen können, die sich ergeben, wenn Sie die im dritten Kapitel beschriebenen Strategien und Impulse durchgearbeitet und die für Sie elementaren umgesetzt haben.

- **Stopp, Herr Vogelhuber! Ich habe dazu eine Frage!**
  Ich habe den Test gemacht und komme auf einen Wert von 4,3. Was bedeutet das konkret?

: **Oliver Vogelhuber:** Das entspricht ungefähr dem Durchschnittswert des Wertes der Menschen, die den Test gemacht haben. Sie gehören also zum Durchschnitt, aber das ist keineswegs von Nachteil. Wie es bei diesen Glückstests grundsätzlich keine „richtigen" oder „falschen" Antworten gibt. Ein Wert von 3,5 wäre der numerische Durchschnitt und würde darauf hindeuten, dass eine Person weder besonders glücklich noch besonders unglücklich ist. Aufgrund Ihres Testergebnisses vermute ich, dass bei Ihnen eine grundsätzliche allgemeine Zufriedenheit vorliegt. Sie sind wahrscheinlich nicht besonders, also eher mäßig glücklich. Wichtig ist, dass Sie auf jeden Fall Ihr Zufriedenheits- oder Glücksniveau halten oder anheben können, sofern Sie sich mit den Strategien und Impulsen beschäftigen, von denen Sie gleich lesen werden.

- Trotzdem bin ich neugierig zu erfahren, was die Punktzahlen im Einzelnen bedeuten. Was ist, wenn ich die Extremzahlen „1" oder „6" erreiche?

: **Oliver Vogelhuber:** Mit solchen Werten befinden wir uns schon in einem problematischen Bereich. Bei einer sehr niedrigen Punktzahl ist es wohl richtig, sich Hilfe oder Unterstützung bei einem Experten zu holen. Ich habe die Erfahrung gemacht, dass Menschen mit solch einer niedrigen Punktzahl die Dinge oft schwärzer und düsterer sehen, als sie tatsächlich sind. Menschen mit einem sehr hohen Wert wiederum sehen die Dinge vielleicht zu rosarot.

- Während wir dieses Gespräch führen, finden in China die olympischen Spiele statt. Wenn eine Athletin, die soeben eine Goldmedaille gewonnen hat – vielleicht ohne dies erwartet zu haben –, einen Glückstest macht, könnte sie schon in die Nähe der „6" kommen.

: **Oliver Vogelhuber:** Da haben Sie nicht unrecht. Darum gefällt mir der Oxford Happiness Questionnaire so gut, weil auch eine überglückliche Olympiasiegerin nicht alle 29 Aussagen im Überschwang ihrer Gefühle mit einem hohen Wert belegen wird. Das zeigt übrigens nochmals, wie sinnvoll es ist, den Test regelmäßig durchzuführen. Aber natürlich kann eine Person auch zu glücklich sein. Ein permanentes Testergebnis von 6 oder knapp darunter ist wahrscheinlich nicht ideal, weil diese Person ständig auf Wolke 7 schwebt. Aufgrund meiner Erfahrungen im Umgang mit Menschen, die an einer Optimierung Ihres Wohlbefindens arbeiten wollen, sind die nun folgenden Wohlfühlstrategien und Feelgood-Impulse besonders gut für Personen geeignet, deren Testergebnis sich zwischen Werten von 2 und 5,5 bewegt. Und letztendlich gibt es auch für Menschen, die sich bereits auf einem gesunden und glücklichen Weg befinden, Verbesserungspotenziale zu heben, um noch mehr aufzublühen.

Kapitelfazit

- Entscheiden Sie sich für einen Glückstest, mit dem Sie das Niveau Ihres Wohlbefindens kontinuierlich überprüfen wollen.
- Empfehlenswert ist der Einsatz des Oxford Happiness Questionnaire.

KAPITEL 3

Optimieren Sie mit Wohlfühlstrategien und Feelgood-Impulsen das Niveau Ihres Wohlbefindens

Was hat Ihnen dieses Kapitel zu bieten?

- Sie wissen jetzt, wie Sie mithilfe eines Glückstests Ihren derzeitigen Zustand des Wohlbefindens analysieren. Nun steht die Beantwortung der Frage im Fokus, wie es Ihnen gelingt, dieses Niveau zu halten oder zu steigern.
- Dazu stehen Ihnen zwölf Wohlfühlstrategien und 24 Feelgood-Impulse zur Verfügung.

Auf dem Weg zu Ihrem Wohlbefinden: die sechs Glücksfelder

Meine zwölf Wohlfühlstrategien und 24 Feelgood-Impulse sind in Anlehnung an Sonja Lyubomirsky (2018) in sechs Glücksfelder eingebettet. Ich habe diese Glücksfelder leicht angepasst. Im Folgenden stelle ich Ihnen zu jedem der sechs Glücksfelder zwei Wohlfühlstrategien und zu jeder der insgesamt zwölf Strategien wiederum zwei Feelgood-Impulse und zwei Übungen vor, sodass Ihnen 24 Impulse und Übungen vorliegen.

Gewiss lässt sich darüber streiten, ob es nicht weitere Glücksfelder gibt. Aber für meine zwölf Wohlfühlstrategien und 24 Feelgood-Impulse bilden sie den geeigneten Rahmen für Strategien, Hinweise, Tipps und Empfehlungen, wie Sie das persönliche Niveau Ihres Wohlbefindens verbessern können.

Das Glücksfeld „Dankbarkeit und Optimismus"

Dankbar sein und optimistisch sein – beide Haltungen unterstützen uns dabei, in die Niederungen von Angst, Neid, Geiz und Feindseligkeit und all die anderen Gefühle und Emotionen herabgezogen zu werden, die nur das Schlechte und Destruktive in uns hervorbringen. So sind wir gewappnet gegen die Energieräuber, die uns die Kraft nehmen wollen, all das Schöne hervorzubringen, das das Leben erst lebenswert macht. Optimisten geben nicht so rasch auf und stehen nach Niederschlägen immer wieder auf, auch weil es ihnen gegeben ist, zu staunen, wertzuschätzen und sich dankbar zu zeigen gegenüber anderen Menschen und einer wie auch immer gearteten „höheren" Instanz, durch die sie wissen, dass sie in einem höheren Sinnzusammenhang aufgehoben sind. Das kann, muss aber nicht Gott sein, aber doch eine Instanz, die über das individuelle Leben eines Menschen hinausweist.

Wohlfühlstrategie 1: Sie kreieren Situationen, in denen Sie anderen Menschen dankbar sein können

In Dominik Spensts „6-Minuten-Tagebuch" (Spenst 2020, S. 58) heißt es: „Nicht die Glücklichen sind dankbar. Es sind die Dankbaren, die glücklich sind." Und darum ist es so wichtig, Situationen aktiv herzustellen und aktiv Möglichkeiten zu schaffen, die es uns ermöglichen, dankbar zu sein. Überlegen Sie: Wenn Ihnen etwas gelungen ist: Wer hat Sie dabei unterstützt, direkt und auch indirekt? Wer war noch an dem Erfolg beteiligt? Ohne wen wäre er wahrscheinlich nicht zustande gekommen?

Probieren Sie es einmal aus: Wenn sich die nächste Gelegenheit ergibt, jemandem dankbar zu sein, sprechen Sie Ihren Dank offen und bewusst aus und beobachten an sich selbst, welche Gefühle Sie dabei durchströmen. Die meisten Menschen spüren in solchen Momenten in sich ein tiefes Wohlbefinden. Darum sollten wir andere Menschen offensiv um etwas bitten und sie fragen, ob sie uns zum Beispiel bei der Erreichung unserer Ziele behilflich sein und uns unterstützen wollen, um ihnen dann aus tiefstem Herzen dafür Dank sagen zu können.

Selbstverständlich können wir auch dankbar sein für Dinge, auf die wir weniger oder gar keinen Einfluss haben, etwa unseren Lebensumständen gegenüber, in die wir hineingeboren worden sind, für die wir nichts können und nicht oder nur sehr bedingt verantwortlich sind. Der Versuch, das Wohlbefinden durch Dankbarkeit zu steigern, gelingt oft auch in der Retrospektive. Was heißt das? Sie blicken zurück und fragen sich, welche Situationen es in der Vergangenheit gab, in denen und für die Sie dankbar sein konnten. Entscheidend für mich ist: Wenn in diesen Situationen Menschen eine Rolle gespielt haben, sollten Sie es nicht bei der Erinnerung belassen, sondern diesen Menschen nachträglich Dank sagen, selbst wenn diese Geschehnisse und Erlebnisse schon länger zurückliegen. Zukünftig jedoch sollten Sie weniger Zeit verstreichen lassen und Ihre Dankbarkeit zeitnah artikulieren.

Um es nochmals auf den Punkt zu bringen:

> ***Stellen Sie aktiv Situationen her, die es Ihnen ermöglichen, dankbar zu sein.***

Wir wissen ja: Das Glück ist ein höchst unzuverlässiger Kantonist. Und die Wissenschaft vom Glück eine höchst subjektive. Darum können wir Glück nicht definieren. Aber wir können die Momente beschreiben, in denen wir Glück empfunden haben und dankbar waren. Und dann versuchen, ähnliche Momente nochmals und immer wieder herzustellen.

Ich selbst empfinde ein großes Wohlbefinden, wenn mich Menschen uneigennützig unterstützen, ohne dass ich sie darum gebeten hätte. Wir sollten solche Momente nicht als Selbstverständlichkeit sehen, sondern als Augenblicke wahrer Mitmenschlichkeit feiern. Denn dann haben wir gleich doppelt Grund, Danke zu sagen: zum einen diesem uneigennützigen Menschen selbst und zum anderen dafür, dass es solche Augenblicke doch noch gibt. Oft sind wir zunächst erstaunt, verwundert und ergriffen, weil wir es nicht so recht fassen und glauben können, dass es uneigennützige Menschen gibt. Und vielleicht sind wir dann auch selbst motiviert, unsererseits anderen Menschen uneigennützig unsere Unterstützung zuteilwerden zu lassen.

Feelgood-Impuls 1: Führen Sie ein vergangenheits- und zukunftsorientiertes Dankbarkeitstagebuch

Das Prinzip der Schriftlichkeit gehört zu den wirkmächtigsten Erfolgsfaktoren. Auf den Punkt gebracht: Schriftlichkeit gewinnt. Das belegt eine Studie, die von der Psychologin Gail Matthews in Kalifornien mit 267 Menschen aus unterschiedlichen sozialen Schichten und Kulturkreisen durchgeführt worden ist. Die Studie selbst ist im Internet nicht mehr verifizierbar, aber Gail Matthews soll empirisch belegt herausgefunden haben, dass die Verschriftlichung von Zielen zur inneren Motivation führe und damit die Verwirklichungswahrscheinlichkeit der Ziele steige. Die Studienteilnehmer sollten sich Ziele zu einem für sie zentralen und wichtigen Projekt überlegen. Wer dies schriftlich tat, erhöhte seine Erfolgsaussichten. Allein aus diesem Grund ist es zielführend, mit einem Dankbarkeitstagebuch zu arbeiten. Allerdings muss ich sagen: Ich selbst lehne es vehement ab, solch ein Tagebuch zu führen.

- **Stopp, Herr Vogelhuber! Ich habe dazu eine Frage!**
  Ist es nicht seltsam, wenn Sie Ihre eigenen Impulse ablehnen und sie nicht anwenden?

: **Oliver Vogelhuber:** Nein, ganz im Gegenteil. Jede meiner Wohlfühlstrategien und jeder meiner Feelgood-Impulse kann, muss aber nicht weiterhelfen. Darum geht es mir in diesem Buch: dass jede Leserin und jeder Leser ihren und seinen subjektiven und individuellen Weg zum Wohlbefinden sucht und findet. Welcher Weg das für Sie ist, werden Sie im vierten Kapitel analysieren.

- Und was hat es mit Ihrer Ablehnung des Dankbarkeitstagebuches auf sich?

: **Oliver Vogelhuber:** Ich bekam einst solch ein Dankbarkeitstagebuch geschenkt. Aber etwas in mir sperrte sich dagegen, es auszufüllen und mit ihm zu arbeiten. Mein Verstand sagte mir, es sei vollkommen richtig, seinen Dank derart zu artikulieren, aber gefühlsmäßig lehnte ich diese Methode ab – und so verschenkte ich das Tagebuch an meine jüngere Tochter. Nach ein paar Tagen kam sie zu mir: „Papa, das ist ja schön und gut, aber muss ich das ausfüllen? Das liegt mir gar nicht."

- In der Familie Vogelhuber stieß das Dankbarkeitstagebuch also auf wenig Zustimmung.

: **Oliver Vogelhuber:** Richtig, für meine Tochter und mich sind andere Feelgood-Impulse von weitaus größerer Bedeutung.

Schreiben Sie in Ihr Dankbarkeitstagebuch, warum Sie wem und wofür dankbar sein wollen und können. Beschreiben Sie die Umstände möglichst ausführlich und konkret. Was aber, wenn es Ihnen wie der Familie Vogelhuber geht? Statt eines Tagebuches können Sie Alternativen nutzen: Visualisieren Sie das Dankbarkeitsgeschehnis. Oder notieren Sie es auf einem Flipchart oder einem Plakat, welches Sie in Ihrem Büro, Ihrer Wohnung oder Ihrem Haus so anbringen, dass Sie es regelmäßig erblicken und sich die Dankbarkeitssituation immer wieder vor Ihr geistiges Auge rufen können.

Impulsübung 1: Führen Sie ein Dankbarkeitstagebuch

- Nutzen Sie einen Notizblock oder ein Heft oder auch eine entsprechende Notiz-App, um Ihr Tagebuch mit Dankbarkeitsgeschichten und Dankbarkeitserlebnissen zu füllen.
- Schildern Sie die Geschichten und Erlebnisse möglichst detailliert und begründen Sie Ihre Dankbarkeit: Warum sind Sie wofür dankbar?
- Agieren Sie mit Kontinuität: Legen Sie (zum Beispiel) fest, sich einmal in der Woche (sonntags um 18 Uhr, eine Stunde lang) mit Ihrem Dankbarkeitstagebuch zu beschäftigen.

Feelgood-Impuls 2: Bauen Sie Dankbarkeitsgewohnheiten auf und integrieren Sie Dankbarkeit in Ihr Leben

Krisen wie die Corona-Pandemie haben einmal mehr gezeigt, dass es nicht immer nur positive Entwicklungen, Erlebnisse und Erfahrungen sein müssen, für die wir dankbar sein können. Auch in Krisen, Negativerlebnissen und zunächst einmal traurigen Erfahrungen liegen Dankbarkeitspotenziale, die gehoben sein wollen. Konkretes Beispiel: Die notwendige Isolation und das zurückgezogene Leben während der Corona-Lockdowns haben einige Menschen wieder mehr zu sich selbst, ihrem Partner und zu Menschen finden lassen, die ihnen etwas bedeuten. Das heißt nun nicht, solche krisenhaften Situationen als wünschenswert erscheinen zu lassen und herbeireden zu wollen, zeigt jedoch, dass selbst missliebige Erlebnisse durchaus positive Auswirkungen nach sich ziehen können.

Für unser Thema heißt das:

> ***Klopfen Sie jede, aber auch wirklich jede Situation daraufhin ab, ob sie Dankbarkeitspotenzial hat.***

Formulieren Sie überdies Ihre persönlichen Dankbarkeitsregeln: Unter welchen Umständen wollen Sie jemandem oder auch Ereignissen dankbar sein? Erinnern Sie sich an meine Story, in der ich Ihnen von meinem Umdenkprozess auf der Intensivstation im Krankenhaus berichtet habe? So bitter und traurig sich die Situation seinerzeit für mich darstellte: Heute bin ich zutiefst dankbar für die Umstände, die mich diese Situation haben erleben lassen. Seitdem gehört es zu meinen Dankbarkeitsregeln, dass in jeder Situation der Keim zu etwas liegen kann, wofür wir dankbar sein können. Wir müssen es nur entdecken und sehen wollen.

Endlich wieder den Kaffeeduft durch die Nase wehen lassen

Der warme Kaffeeduft, der in die Nase steigt. Das herbe Aroma des Kaffeepulvers, das mich an die Kindheit denken lässt und angenehme Erinnerungen weckt. Mein Vater war ein begnadeter Kaffeezubereiter. Kaffeeduft – eigentlich etwas Triviales. Etwas, das ich erwarte, weil es jahrelang zum guten Ton und Geruch eines stärkenden Frühstücks gehörte, mit dem ich mich wappnete für die Anstrengungen und Herausforderungen des Tages.

Und plötzlich war das alles weg. Von einer Minute auf die andere. Weihnachten 2021 hat mich das Corona-Virus erwischt und mich des Geschmackssinns und des Geruchssinns beraubt. Für mich als Mensch, der alle Sinne schätzt, um das Leben genießen zu können, eine Katastrophe. Quarantäne, Trennung von den Liebsten, ein Weihnachtsfest der besonderen Art – und kein Kaffeeduft. Knapp zwei Wochen später kommen mir die Tränen. Ich öffne die Kaffeedose mit den gemahlenen Kaffeebohnen, will mir die Erinnerung an den herrlichen Duft ins Gedächtnis rufen – und genauso plötzlich ist wieder alles da: Die Geschmackszellen nehmen wieder ihren Dienst auf, der Geruchssinn ermöglicht mir den Frühstücks- und Kaffeegenuss der guten alten Art. Und darum dürfen nun auch ein paar Dankbarkeitstränen fließen …

Manchmal sind es (auch) die scheinbar kleinen Dinge des Lebens, für die wir dankbar sein dürfen und dankbar sein sollten. Ein Grund, dankbar zu sein, kann auch in einer unscheinbaren Kaffeedose liegen. Obwohl, in der Kaffeedose und in dem Kaffeeduft liegt so viel mehr: die Erinnerungen an besonders glückliche Momente in der Kindheit und an die tägliche Vorbereitung auf das, was ich liebe: anderen Menschen mit meiner Arbeit zum Aufblühen zu verhelfen. Darum noch einmal: In jeder Situation kann der Keim zu etwas liegen, wofür wir dankbar sein können. Wir müssen es nur entdecken und sehen wollen.

Impulsübung 2: Drücken Sie Menschen Ihre Dankbarkeit aus

- Legen Sie einmal im Monat fest, für welche konkrete Erlebnisse Sie jemandem dankbar sein wollen.
- Entscheidend ist, Ihre Dankbarkeit wirklich und authentisch zu zeigen.
- Erweisen Sie Ihre Dankbarkeit mithilfe einer konkreten Aktion: Gehen Sie zu dem Menschen, dem Sie danken wollen, überreichen Sie ihm einen Blumenstrauß, ein Geschenk oder Ähnliches und sagen Sie „Danke“ – aber mit einer ausführlichen Begründung.

Wohlfühlstrategie 2: Sie bleiben bei allem Optimismus ein Realist

Ich kann und möchte Sie nicht überreden, sich zu einem Optimisten zu entwickeln, wenn Sie dazu tendieren, die Dinge eher schwarz zu sehen. Es gibt keinen dümmeren Spruch als den, der uns suggerieren will, wir könnten alles schaffen, wenn wir es nur genug wollten. Der Glaube an sich selbst ist gewiss zielführend und sinnvoll. Aber mit jenem Spruch wird nur allen Menschen, die sich nicht auf der Sonnenseite des Lebens befinden, die Schuld dafür in die Schuhe geschoben. Und wenn Sie zu den unverbesserlichen Optimisten zählen, möchte ich auch nicht einwerfen, dass Sie einem ab und zu auch trügerischen Lebensgefühl aufsitzen. In Kapitel 1 wurde der Nutzwert des Optimismus und des Pessimismus bereits ausgeleuchtet. Was ich aber anbringen möchte, ist dieser Hinweis: Finden Sie Ihre Identität, werden Sie sich durch Selbstreflexion darüber im Klaren, wer Sie (wirklich) sind und ob Sie eher zu den Optimisten oder eher zu den Pessimisten zählen. „Identität finden" – das ist rasch gefordert, aber letztendlich ein komplexer Prozess, in dem Sie sich durch Selbstbefragung, Selbstvergewisserung und in Gesprächen mit Menschen, die Ihnen nahestehen, Ihrem wahren Selbst Schritt für Schritt annähern: Sind Sie Frau/Herr Optimist oder Frau/Herr Pessimist? Und sobald es Ihnen gelungen ist, zu sich selbst zu finden, nehmen Sie bitte die Gegenposition ein und wechseln die Perspektive. Was heißt das konkret?

- Sie sind eher pessimistisch veranlagt: Dann achten Sie zukünftig verstärkt auf das, was gut ist, was gut funktioniert und so läuft wie geplant. Betonen Sie, dass das Glas Wasser nicht halb leer, sondern halb voll ist oder eben – je nach Perspektive – beides. Vertrauen Sie Ihrer Anpassungs- und Veränderungsfähigkeit: Es wird Ihnen gelingen, sich mithilfe

Ihrer Stärken und Potenziale aus dem Schlamassel herauszuziehen und die schwierige Situation zu meistern.

- Wenn Sie sich zu den Optimisten zählen, schlüpfen Sie ebenfalls in die andere Rolle: Führt Ihre Haltung in gewissen Situationen zur Selbstüberschätzung und zu einer unangemessenen Einschätzung der Realität, mithin zur kontraproduktiven Überschätzung der eigenen Fähigkeiten und Kompetenzen? Dann sollten auch Sie sich zu einer realistischeren Haltung durchkämpfen.

Grundsätzlich bin ich dieser Meinung:

> ***Eine optimistische Haltung, die zum einen mit einer großen Portion Realismus durchsetzt und zum anderen mit der Fähigkeit verknüpft ist, diese Haltung selbstkritisch zu hinterfragen, ist am besten geeignet, das Wohlbefinden zu steigern.***

Zu der optimistisch-realistischen Haltung gehört die Akzeptanz der Tatsache, dass es sie nun einmal gibt – die Erfolgs- und Wunschtraumverhinderer. Welche Verhinderer spielen bei Ihnen die größte Rolle? Das sollten Sie herauszufinden versuchen, wobei (leider) schon deren bloße Aufzählung eine unendliche Geschichte ist. Angst/Furcht, Perfektionismus, Aufschieberitis, der Selbstzweifel oder der Un- und Nichtglaube an sich selbst, Antriebs- und Energielosigkeit, Ziel- und Planlosigkeit, Mutlosigkeit, mangelhaftes Durchhaltevermögen, die Angst, Nein zu sagen – das sind nur einige der „gebräuchlichen" Erfolgs- und Wunschtraumverhinderer. Kommen Sie Ihrem individuellen Verhinderer auf die Spur, indem Sie mit mindestens fünf Personen Ihres Vertrauens in Einzelgesprächen diese Fragen reflektieren:

- ***Frage 1:*** Welche Kindheitsträume hatten Sie? Konnten Sie sie verwirklichen? Wenn nicht: Woran hat es gelegen?
- ***Frage 2:*** Welche beruflichen Zielvorstellungen hatten Sie vor Berufseintritt? Konnten Sie sie verwirklichen? Wenn nicht: Woran hat es gelegen?
- ***Frage 3:*** Welche Vorstellungen über Ihre Zukunft hatten Sie, als Sie volljährig geworden sind? Konnten Sie sie verwirklichen? Wenn nicht: Woran hat es gelegen?

Gehen Sie offen in die (mindestens fünf) Gespräche, trauen Sie sich auf Seitenwege und haben Sie immer den Gedanken im Hinterkopf, dass Sie Ihre Erfolgs- und Wunschtraumverhinderer aufspüren möchten.

Feelgood-Impuls 3: Sorgen Sie für regelmäßige optimistische Selbstvergewisserungen

Lassen Sie uns gleich zum wesentlichen Punkt kommen: Im Fokus der Impulsübung „Blick in den Spiegel“ steht, Feedback von anderen Menschen einzuholen und Ihr bestes Selbst zu entdecken. Die Übung läuft wie folgt ab:

Impulsübung 3: Blick in den Spiegel

- ***Schritt 1:*** Schreiben Sie an zehn Personen eine E-Mail und bitten Sie diese zehn Menschen, kurz und bündig „Ihr (gemeint sind also SIE) bestes Ich“ zu beschreiben, Sie also in Ihrer bestmöglichen Verfassung zu charakterisieren. Auf den Punkt gebracht: „Bitte beantworte diese Frage: Wie siehst Du mich, wenn ich in Bestform bin?“

Sie erhalten im Idealfall zehn Beschreibungen zu Ihrem besten Ich.

- ***Schritt 2***: Bei der Auswahl der zehn Personen gehen Sie divers vor. Also: nahe Familie (Partnerin, Partner, Kinder, Eltern), Verwandte, Freunde, Bekannte, Sport-/Hobbykameradinnen, Kolleginnen und Kollegen, Mitarbeiterinnen und Mitarbeiter, Ihre Führungskraft/Führungskräfte und so weiter. Schreiben Sie möglichst unterschiedliche Menschen aus unterschiedlichen Sphären Ihres Lebens an.
- ***Schritt 3:*** Das (ja ausschließlich) positive Feedback verknüpfen Sie zu einem „unverschämt positiven Kurzporträt“ Ihrer selbst, indem Sie aus den Äußerungen jener zehn Menschen in wenigen Sätzen (ich empfehle mindestens fünf bis höchstens sieben Sätze) Ihr „bestes Ich“ oder Wunsch-Ich kreieren.

Das Ergebnis dieser Übung erfüllt mindestens zwei Zwecke: Zum einen sehen Sie schwarz auf weiß und von zehn Personen legitimiert, dass und welch ein guter Mensch Sie sind. Das wird Ihr Selbstvertrauen und Selbstbewusstsein steigern und Ihnen Anlass geben, dankbar zu sein. Zum anderen motivieren die Beschreibungen der zehn Menschen Sie wahrscheinlich, sich dem idealisierten Wunsch-Ich anzunähern:

> ***„Ja, ich möchte, dass meine Familie/Verwandten/Freunde/Kolleginnen und ...“ recht haben und ich der Mensch bin oder zu dem Menschen werde, den sie in mir sehen!“***

Die Übung zeitigt bei den meisten Menschen, denen ich sie nahegebracht habe, große Fortschritte. Das „beste Ich“ umfasst in jenen fünf bis sieben inspirierenden Sätzen energiereiche und kraftvolle Anregungen, zu dem zu werden, der man/frau wirklich ist: Profile Your Life! Wer diesen Weg einmal beschritten hat, verlässt ihn nicht mehr so rasch.

Feelgood-Impuls 4: Befragen Sie Ihren inneren Berater und lernen Sie aus der Vergangenheit

Es ist an der Zeit, sich vom Paradigma eines allein auf Rationalität beruhenden Weltbildes zu verabschieden. Intuition, Bauchgefühl, Emotionen – all diese „Kollegen" der Rationalität sprechen ein gehöriges Wort mit, so zum Beispiel in Entscheidungsprozessen. Das Gehirn – so belegen es Wissenschaftler (siehe dazu Traufetter 2006) – besitzt die Fähigkeit, unendlich viele Daten, Informationen und Erfahrungen in einem unbewussten Datenspeicher zu sammeln. Das Bewusstsein kann auf diesen Datenspeicher nicht zugreifen, die dort hinterlegten Informationen sind aber der Intuition zugänglich. „Häufig zeigt die Intuition dabei eine erstaunliche Fähigkeit, aus dem Dickicht der Informationen die eine entscheidende herauszufiltern." Blitzschnell vergleicht unser Unterbewusstsein Wahrnehmung und Erwartung und sendet ein Signal aus, das uns intuitiv einen Zusammenhang herstellen lässt, der allein mithilfe der Ratio und des Verstandes nicht zustande gekommen wäre (vgl. ebd., S. 162f.). Unser Unterbewusstsein kann also durchaus als ein innerer Berater fungieren.

Die gute Nachricht ist nun, dass sich die Kraft der Intuition stimulieren und nutzen lässt, um schwierige Situationen zu meistern. Ein Beispiel: Nehmen wir an, Sie stehen vor einer wichtigen Prüfung. Sie haben Angst durchzufallen und stellen sich in einem Horrorszenario vor, Sie säßen schweigend und unwissend vor dem Prüfungsausschuss. Nun aber starten Sie das Gegenprogramm und sagen sich, dass Sie das Beste in und von der Prüfung erwarten: „Es geht gut aus, es geht sogar perfekt aus!“ Unter diesem Motto kreieren Sie ein Zukunftsbild, das Sie bei und nach der glänzend bestandenen Prüfung zeigt.

Und dann verknüpfen Sie das Zukunftsbild mit einer emotional positiv besetzten Situation aus der Vergangenheit, die sich tatsächlich zugetragen hat und die gleichfalls „perfekt“ abgelaufen ist. Sie setzen also einen Anker, und weil unser Gehirn zwischen lediglich vorgestellten und tatsächlichen Situationen nicht eindeutig zu unterscheiden vermag, verbindet sich in unserem Denkapparat das imaginierte Zukunftsbild zur Prüfungssituation mit dem emotional positiv besetzten tatsächlichen Erlebnis. Wichtig ist, bei der imaginierten Situation mit jenem Zukunftsbild möglichst alle Sinneskanäle zu aktivieren. Stellen Sie sich die Situation in leuchtenden Farben und Bildern vor, beteiligen Sie den Geruchs- und Geschmackssinn und integrieren Sie überdies den Tastsinn. So wächst die Wahrscheinlichkeit, dass Sie positiv gestimmt in die reale Prüfungssituation hineingehen und dort ebenfalls reüssieren!

• **Stopp, Herr Vogelhuber! Ich habe dazu einen Einwand!**
Läuft diese Übung mit dem Zukunftsbild nicht auf genau das hinaus, was Sie soeben noch abgelehnt haben? Dass man nämlich nur fest genug daran glauben muss – und dann gelingt alles?

: **Oliver Vogelhuber**: Natürlich ist die Grundlage – um bei dem Beispiel zu bleiben – eine Topvorbereitung auf die Prüfung und die exzellente Beherrschung des Stoffes. Aber wir wissen doch meistens aus eigener Erfahrung, dass die negative Erwartung, die Angst vor der Situation, hier die Prüfung, uns lähmen und verhindern kann, in der entscheidenden Phase unsere Kräfte, Stärken und Potenziale zu aktualisieren. Die Übung verhindert, dass uns jene Angst lähmt und wir unser Wissen und unseren unbewussten Datenspeicher nicht anzapfen können. Nicht mehr, aber auch nicht weniger.

- Ich kann mich dennoch nicht so richtig anfreunden mit dieser Technik.

: **Oliver Vogelhuber:** Gut, das habe ich zu akzeptieren. Mein Vorschlag: Probieren Sie es einfach einmal aus, und zwar vorbehaltlos und ohne sich im Vorfeld schon darauf zu programmieren, es funktioniere ja doch nicht. Und vielleicht stellt sich heraus, dass es Ihnen tatsächlich nicht gelingt, diese Mentaltechnik für sich zu nutzen. Allerdings sagt das zunächst einmal nur aus, dass diese Technik Ihnen derzeit nicht weiterhilft. Es bedeutet nicht, dass sie grundsätzlich sinnlos ist. Es ist möglich, dass Ihnen die eine Technik hilft und die andere nicht, genauso, wie es Menschen gibt, für die ein Feelgood-Impuls den Durchbruch bedeutet, während er für jemand anderen vollkommen unnütz ist.

Impulsübung 4: Best Moments in my Life!

Bei mir funktioniert die Verankerung über den Hörsinn besonders gut, ich höre mir also einen Song an, der für mich mit positiven Erinnerungen und inspirierender Energie verankert ist. Deswegen befindet sich auf meinem Smartphone eine Playlist mit motivierenden und energiespendenden Songs („Playlist of my Life"), die ich mir anhöre, bevor ich in eine besonders herausfordernde Situation gehe. Natürlich gibt es Alternativen: Für visuell veranlagte Menschen etwa empfiehlt es sich, auf dem Smartphone ein Fotoalbum „Best Moments of Life" anzulegen. Also:

- Erstellen Sie Ihre persönliche und individuelle Liste (Musik, Bilder, Ereignisse) mit den besonderen Momenten in Ihrem Leben.
- Nutzen Sie diese herausfordernden Situationen, um sich in einen ressourcevollen Zustand zu versetzen.

Das Glücksfeld „Soziale Beziehungen"

Sind Wohlbefinden und Glück vorstellbar ohne anderen Menschen? Nein, wohl kaum und zwar aus gleich mehreren Gründen: Wohlbefinden und Glück sind immer auch eine Funktion des Vergleichs mit anderen Menschen. Hinzu kommt: Wir Menschen sind keine Ichlinge – zumindest werden wir nicht als solche geboren, sondern höchstens dazu gemacht, oder wir entwickeln uns in diese Richtung. Der Mensch ist vielmehr ein soziales Wesen, er blüht in und durch Beziehungen zu anderen Menschen auf. Wir sind niemals allein glücklich, immer nur im Verbund. Als soziokulturelle Wesen sind wir auf Mitmenschen und soziale Beziehungen existenziell angewiesen. Der Psychologe Adam Grant hat nachgewiesen, dass sich Großzügigkeit, Loyalität, Hilfsbereitschaft und Freundlichkeit auszahlen, und berichtet von Menschen, die sich einfach wohlfühlen, wenn sie anderen helfen können. Der Mensch ist eher ein Geber als ein Nehmer; nur manchmal, aber keineswegs immer setzt sich der Ellbogentyp durch (Grant 2016).

Wohlfühlstrategie 3: Sie behandeln jeden Menschen so, wie er behandelt werden möchte, aber ohne den Zwang, es jedem rechtmachen zu müssen

Im Verkauf gab es einst die goldene Regel, man solle jeden Kunden und jede Kundin so behandeln, wie man gern selbst behandelt werden möchte. Die Anleitung, wie man mit Menschen umgehen sollte, wurde mithin aus der eigenen Erwartungshaltung abgeleitet. Was aber, wenn ich ein extravertierter, ein „lauter", ein forscher Mensch bin, der auf die anderen Menschen offensiv und aktiv zugeht? Mit hoher Wahrscheinlichkeit wird es zu einem Problem werden, wenn ich als extravertierte Person auf ein leises und zurückhaltendes Gegenüber treffe, das sich als introvertierter Mensch von mir überfallen und „zugetextet" fühlt. So ist es nur konsequent, dass die goldene Regel zur Platinregel weiterentwickelt wurde:

> ***„Behandle den anderen so, wie er behandelt werden möchte."***

Das setzt den Willen und die Fähigkeit voraus, sich auf die Vorstellungswelt des Gegenübers einzulassen und tief in sie einzutauchen. Im Verkauf sprechen wir von einem Beziehungsmanager, der gute Beziehungen zu Kundinnen und Kunden implementiert, sich mit ihnen jeweils auf einer Wellenlänge einschwingt und sich in deren jeweilige Vorstellungs- und Sprachwelt begibt. Und natürlich lässt sich die Platinregel hervorragend auf die Verbesserung menschlicher und sozialer Beziehungen übertragen. Voraussetzung ist, dass Sie herausfinden, wie Sie selbst ticken und wie Ihr Gegenüber tickt. Ich empfehle Ihnen, sich voll und ganz auf den Menschen zu fokussieren, mit dem Sie zurzeit zu tun haben. Konzentrieren Sie sich auf den Augenblick und den Menschen, mit dem Sie interagieren. Geben Sie ihm das Gefühl, er sei für Sie der (zurzeit) wichtigste Mensch auf der Welt!

Vergessen Sie aber nicht den zweiten Teil dieser Wohlfühlstrategie: Es geht nicht darum, es nun jedem rechtzumachen und sich dem Gesprächspartner um jeden Preis anzupassen. Anpassung kann und darf nicht die Grundlage für eine gedeihliche Beziehung sein. Beide – oder alle Beteiligten – müssen sich in der Beziehung wertgeschätzt fühlen. Aber Sie haben es in der Hand, durch Ihr Verhalten dafür zu sorgen, dass sich sowohl Sie als auch Ihr Gegenüber in einer Situation und Beziehung rundum wohlfühlen.

Feelgood-Impuls 5: Umgeben Sie sich mit Menschen, die Ihnen guttun und Sie fordern – von den anderen trennen Sie sich

Bauen Sie soziale Beziehungen auf und aus, die zu Ihrem Wachstum beitragen. Interagieren Sie mit Menschen, die Ihnen guttun. Leben Sie Ihr eigenes Leben, nicht das Leben eines anderen. Der Motivationstrainer Jim Rohn (1930-2009) hat gesagt, wir seien der Durchschnitt der fünf Menschen, mit denen wir die meiste Zeit verbringen. Die Rohn'sche „5-Personen-Regel“ besagt also: Passen Sie genau auf, mit wem Sie sich einlassen und interagieren. Menschen können uns nach oben ziehen, aber auch nach unten drücken, sie können das Beste aus uns hervorholen, aber auch das Schlechteste (siehe dazu Graßler).

Ich vertraue dem Grundsatz, nicht ausschließlich, aber doch vor allem mit Menschen oft zusammen zu sein und ihre Nähe zu suchen, die eine ähnliche Grundhaltung haben wie ich. Sicherlich – zuweilen entsteht auch aus Gegensatz, Widerspruch, Konflikten und Streit etwas Fruchtbares und Konstruktives. Aber trotzdem bin ich der Meinung, es sei richtig, sich mit Menschen zu umgeben, die nicht an mir zerren und mich festhalten, sodass ich nicht von der Stelle komme und mich nicht weiterentwickeln kann, sondern mit Menschen, die mir die Hand reichen und mich mit Wertschätzung nach oben ziehen.

> ***Das Leben ist zu kurz, um es mit Dingen und Menschen zu verschwenden, die Ihnen nur wenig oder gar nichts bedeuten.***

Der Feelgood-Impuls kann dazu führen, sich von dem bisherigen Freundeskreis trennen zu müssen. Oder zumindest von einigen Menschen, die Ihnen einfach nicht guttun. Wenn es zu dieser Trennung kommt, sollten Sie bereit sein, die Einsamkeit, die dabei entstehen kann, auszuhalten. In meinem Leben gab es einen Punkt, in dem ich mich tatsächlich von dem Großteil meiner Freunde getrennt habe. Das war eine schwierige Zeit, aber letztendlich hat sich der rigorose Schnitt gelohnt. Denn danach habe ich mir einen Freundeskreis mit Menschen aufgebaut, die ich aus tiefstem Herzen mag und die mich um meiner selbst willen respektieren, achten und lieben.

Impulsübung 5: Nutzen Sie die Rohn'sche „5-Personen-Regel"

- Mit welchen fünf Personen sind Sie am häufigsten zusammen? Tun Ihnen die Beziehungen zu diesen Menschen wirklich gut? Und inwiefern? Oder ziehen sie auch negative und unliebsame Auswirkungen nach sich? Welche?
- Sind Sie mit Menschen zusammen, von denen Sie sich das auch wirklich wünschen?
- Von welchen dieser Menschen sollten Sie sich trennen?
- Mit welchen fünf Menschen wollen Sie ab jetzt/in der Zukunft am häufigsten zusammen sein?

Feelgood-Impuls 6: Definieren Sie Ihre Beziehungsringe

Kennen Sie den Ripple-Effekt? Bestimmt, auch wenn die meisten von uns es nicht wissen. Er entsteht, wenn Sie einen Stein ins Wasser werfen und sich um die Einschlagstelle herum Wellen ausbreiten, es bilden sich konzentrische Ringe. Je größer der Stein ist, umso größer die Wellen und Ringe. Aber was hat das mit unserem Thema tun?

Der Steinwurf in den See

Sommer 2011, ich mache mit meinen zwei Töchtern Urlaub am Waginger See, der sich im bayrischen Landkreis Traunstein befindet, es gibt dort wunderschöne Campingplätze. Um günstig und einfach, aber auch erholsam und rundum glücklich Urlaub erleben zu können, habe ich mir einen Dauercampingwagen gekauft. Auf einem Steg stehend, der zum See führt, werfe ich einen recht großen Stein ins Wasser. Der Ripple-Effekt lässt nicht lange auf sich warten. Ein Ring nach dem anderen breitet sich aus. „Dort in der Mitte, da befinden wir drei uns", sage ich zu meinen Töchtern. Ich blicke in staunende und fragende Gesichter.

„Wir unterhalten Beziehungen mit unterschiedlicher Wertigkeit. Im inneren Kreis befindet ihr euch, gemeinsam mit mir. Auch im zweiten, dritten und den weiteren Kreisen halten sich Menschen auf, die mir wichtig sind und die ich wertschätze, aber sie sind mir nicht so wichtig wie ihr. Je weiter es nach außen, desto mehr nimmt die Wichtigkeit ab."

„Warum machst du das, Papa?"

„Ich möchte mich vor allem auf die Menschen im inneren Kreis konzentrieren. Ich muss und will nicht Everybody's Darling sein, und darum ist es richtig und erlaubt, diese Einteilung vorzunehmen."

Wie definieren Sie Ihre Beziehungsringe? Wer befindet sich in Ihrem inneren Ring, der manchmal auch „Inner Circle" genannt wird? Und wen siedeln Sie im zweiten, dritten, vierten Kreis an? Beachten Sie die zeitliche Abhängigkeit – je nach Ihrer Lebenssituation wird sich die Zusammensetzung der Ringe verändern.

Darum ist es klug, die Beziehungsringe im regelmäßigen Abstand zu überprüfen und zu aktualisieren. Und vielleicht sollten Sie mehrmals einen Stein in den See werfen – und Beziehungsringe für unterschiedliche Lebensbereiche kreieren. Einfachstes Beispiel wären ein privater und ein beruflicher Beziehungsring.

Impulsübung 6: Füllen Sie Ihre Beziehungsringe mit Leben

- Nehmen Sie ein Blatt Papier zur Hand und füllen Sie die Beziehungsringe mit den Namen der Ihnen wichtigen Menschen.
- Beginnen Sie mit dem inneren Ring. Mögliche Leitfragen sind: „Mit welchen Menschen möchte ich die meiste Zeit verbringen? Welche Menschen sind für mich besonders wichtig?“
- Nun füllen Sie den zweiten, dritten, vierten Ring aus – und so weiter.
- Überlegen Sie, zu welchen Lebensbereichen Sie spezifische Beziehungsringe entwickeln wollen.
- Überprüfen Sie die Beziehungsringe kontinuierlich.

Wohlfühlstrategie 4: Sie finden Ihren individuellen „Klebstoff“ für förderliche Beziehungen

Thomas Malischewski und Frank Thiel haben vor einigen Jahren in ihrem Buch „Beziehungsmanagement“ den Begriff „Relating®“ kreiert. Damit ist gemeint, bei dem Aufbau von Beziehungen zu Freunden, Bekannten, Geschäftspartnern und Kollegen nicht an die Vorteile, den Nutzen und den Gewinn zu denken, den wir durch den Beziehungsaufbau davontragen können.

> ***Gemeint ist der absichtslose Beziehungsaufbau, der um seiner selbst willen erfolgt.***

Soziale Beziehungen dürfen nicht dem Wirtschaftlichkeits- oder Rentabilitätsprinzip unterworfen werden. Wenn Ihr Gegenüber der Meinung ist, Sie würden eine Beziehung zu ihm nur suchen, um sich irgendeinen Vorteil zu sichern oder etwas erreichen zu wollen, ist er verstimmt. Der „Klebstoff", mit dem es Ihnen gelingt, förderliche Beziehungen in Gang zu setzen, sollte mithin nie der Nutzen sein, der sich auf der Grundlage einer Beziehung zu einer Freundin oder einem Freund, einer Kollegin oder einem Kollegen für Sie ergibt. Wiederum ist ein Perspektivenwechsel gefragt: Fragen Sie sich, wie Sie anderen Menschen nützlich sein können. Der Nutzen für den anderen – das ist ein Klebstoff, mit dem Sie Ihrem sozialen Beziehungsnetzwerk Stabilität verleihen.

• **Stopp, Herr Vogelhuber! Ich habe dazu eine Frage!**
Absichtsloser Beziehungsaufbau – ist das nicht etwas naiv gedacht?

: **Oliver Vogelhuber:** Unbewusst verbinden wir vielleicht sogar mit der Partnerwahl eine Absicht, die tief in uns verankert ist. Mir geht es aber vor allem darum, mir zum Beispiel zu Beginn einer Beziehung nicht eine Frage wie „Was bringt es mir, wenn ich diesen Menschen näher kennenlerne?" zu stellen, sondern zu reflektieren, warum ich mich diesem Menschen besonders verbunden fühle. Das können Sie sich auch bei Menschen fragen, die Sie bereits seit Längerem kennen, etwa bei Arbeitskollegen: „Was verbindet mich mit dem guten Kollegen Müller?" Und das gilt überdies bei Familienmitgliedern und Verwandten, also bei

Bindungen, die von Natur aus existieren: „Was verbindet mich mit meinen Geschwistern?"

- Aber interessanter ist es, herauszufinden, warum ich bestimmte Bindungen selbst, also aktiv, eingegangen bin.

: Oliver Vogelhuber: Richtig. Denn so stellen Sie fest, aus welchen Beweggründen heraus für Sie eine Beziehung zu einem anderen Menschen von Bedeutung ist. Der Fokus liegt nicht auf dem Nutzen einer Beziehung, vielmehr stellen Sie fest, was Ihnen wirklich wichtig ist an einem Menschen und welcher individuelle Klebstoff Sie mit ihm verbindet.

Der nicht auf den eigenen Nutzen fixierte Beziehungsaufbau erleichtert es uns, die Perspektive des Gegenübers einzunehmen. Was erhofft und erwartet sich der andere von uns? Haben wir dies erkannt, können wir ihm genau das geben, was für ihn von besonderer Relevanz ist. Sie wissen ja: „Behandle den anderen so, wie er behandelt werden möchte."

Feelgood-Impuls 7: Erweisen Sie jeden Tag einem Menschen einen uneigennützigen Gefallen, durch den dieser Mensch wächst

Ein „richtiger" Gefallen zeichnet sich dadurch aus, dass er dem anderen Menschen hilft und ihn dabei unterstützt, zu wachsen, sich weiterzuentwickeln und einen Schritt auf dem Weg zu einem Ziel voranzukommen, oder ihm schlicht und einfach Freude bereitet. Und zwar vollkommen absichtslos und ohne den Hintergedanken, sich dadurch einen Vorteil zu verschaffen. Eine der reinsten Formen, dies zu leisten, besteht darin, einer fremden und unbekannten Person eine Gefälligkeit zu erweisen, mit der sie überhaupt nicht gerechnet hat und nicht rechnen konnte. Das muss gar nicht einmal eine materielle Gefälligkeit sein; wiederum sind es die kleinen Dinge des Lebens, mit denen

Sie etwas Sonnenschein in den Alltag eines anderen Menschen hineinbringen können. Ihre Nachbarin hat sich das Bein gebrochen – Sie bieten ihr an, für sie einzukaufen. Dem älteren Herrn zwei Häuser weiter geht es gesundheitlich nicht so gut – Sie fragen, ob Sie seinen Hund ab und zu ausführen sollen. Oder Sie sagen einem Menschen „Danke“, der einfach nur seine Arbeit gut und gewissenhaft erledigt.

Es gibt so viele Gelegenheiten, andere Menschen glücklich zu machen und ihnen ein Lächeln ins Gesicht zu zaubern – und so auch bei sich selbst ein tiefes Gefühl des Wohlbefindens hervorzurufen. Alles, was dazu notwendig ist, ist, mit offenen, neugierigen und interessierten Augen durch die Welt zu gehen.

Das hört sich einmal mehr so leicht und selbstverständlich an, ist aber so verdammt schwer, weil dies viele Menschen offenbar verlernt haben. Denn zunächst einmal ist es notwendig, sensibel zu beobachten und wahrzunehmen, dass jener ältere Herr einen Hund hat, mit dem er regelmäßig spazieren geht, und er gesundheitliche Probleme hat. Neugierig, aufmerksam und interessiert einen wachen Blick auf das Umfeld werfen – das ist die Basis, um einem anderen Menschen nützlich sein zu können, und zwar hinsichtlich eines Aspekts, der für diese Person von Relevanz ist, weniger für Sie selbst.

Impulsübung 7: Zelebrieren Sie einen Tag der inspirierenden Freundlichkeit

- An dem „Tag der Freundlichkeit“ sind Sie zu anderen Menschen besonders freundlich und hilfsbereit und erweisen ihnen einen uneigennützigen Gefallen.

- Legen Sie diesen Tag spontan fest. Überlegen Sie, welche freundlichen Taten möglich sind. Gehen Sie gedanklich die Aktivitäten des Tages durch und legen Sie fest, bei welchen Gelegenheiten Sie „freundlich tätig“ werden wollen.
- Wichtig ist: Bleiben Sie spontan und seien Sie intuitiv freundlich. Dies gelingt umso besser, je mehr Sie die Haltung verinnerlichen, es sei richtig und mache die Welt zu einem besseren Ort, zu den Menschen freundlich zu sein, ihnen einen Gefallen zu tun und stets hilfsbereit zu sein.
- Eine freundliche Tat und ein Gefallen erfreuen nicht nur den Empfänger, sondern auch den Verursacher – also Sie.
- Wiederholen Sie den „Tag der Freundlichkeit“ regelmäßig – auch, um die Haltung der Freundlichkeit sukzessive zu verinnerlichen.

Feelgood-Impuls 8: Versuchen Sie immer das Vorbild zu sein, dem die Menschen gern folgen

Wer Kinder hat, der weiß um die elementare Kraft der Vorbildwirkung. Albert Schweitzer hat einmal gesagt: „Das gute Beispiel ist nicht nur eine Möglichkeit, andere Menschen zu beeinflussen. Es ist die einzige.“ Wobei ich das Zitat gern um eine Dimension erweitern möchte: Es geht weniger um Beeinflussung – das erinnert viele an Manipulation –, sondern darum, andere Menschen mithilfe des guten Beispiels zu unterstützen und sie an sich zu binden. Und zwar die Menschen, denen die Beziehung zu Ihnen guttut, die aber auch Ihnen guttut. Immerhin bewegen wir uns auf dem Glücksfeld der sozialen

Beziehungen, es geht uns darum, ein soziales Beziehungsgefüge zu installieren erstellen, das für alle Beteiligten hilfreich ist.

Wir alle brauchen Vorbilder. Wahrscheinlich haben auch Sie Vorbilder, an denen Sie sich bei Ihrer persönlichen Weiterentwicklung orientiert haben. Was aber ist zu beachten, wenn Sie selbst sich zu einem Vorbild entwickeln wollen? Ein Patentrezept gibt es nicht, und wahrscheinlich ist es sogar kontraproduktiv, sich das dezidierte Ziel zu setzen, zu einem Vorbild zu werden. Die anderen Menschen spüren die Absicht und sind verstimmt. Am besten ist es, Sie geben sich als der, der sie sind, ohne sich zu verbiegen. Es geht um Authentizität, um Echtheit, weniger oder gar nicht um Perfektionismus und Fehlerfreiheit. Im Gegenteil: Wer zu seinen Fehlern und Versäumnissen steht und nicht nach Ausreden sucht, wirkt glaubwürdig, echt und authentisch. Zudem sollten Sie das selbst leben und vorleben, was Sie von anderen verlangen und erwarten. Das gilt für Eltern im Verhältnis zu ihren Kindern ebenso wie für Führungskräfte im Verbund mit ihren Mitarbeitenden. Wer von seinen Mitarbeitenden erwartet, Konflikte und Dissens mit Geschäftspartnern und Kunden im Konsens, Kompromiss und mit einem Interessensausgleich zu lösen, muss bei der Mitarbeiterführung ähnlich agieren.

> ***Zentral ist eine klare, auf positiven, also förderlichen Werten basierende Haltung. Wenn zudem die Übereinstimmung zwischen dem, was Sie sagen, denken und tun, hinzukommt, sind die grundlegenden Voraussetzungen dafür gegeben, von Ihren Mitmenschen als Vorbild in Betracht gezogen zu werden.***

Ihre Mitmenschen müssen erfahren, warum es richtig ist, Sie als Vorbild zu nehmen. Fassen Sie darum das, was Ihnen besonders wichtig ist, in einer klaren Kernbotschaft zusammen, die Sie so kommunizieren, dass sie von anderen Menschen wahrgenommen werden kann.

Sie sehen, Sie stehen vor einer großen Aufgabe und Herausforderung, die letztendlich vor allem eines bedeutet: Persönlichkeitsentwicklung, die Entdeckung und Freilegung Ihres wahren, Ihres besten Ich.

Impulsübung 8: Arbeiten Sie tagtäglich an Ihren sozialen Beziehungen

- Suchen Sie sich Verbündete, die Sie auf Ihrem Weg begleiten sollen und unterstützen können. Sorgen Sie jeden Tag dafür, dass Ihr Fanclub bestehen bleibt und wächst.
- Trennen Sie sich von falschen Freunden und Verbündeten – sofort und lieber zu früh als zu spät, denn diese Personen drohen Sie nur herabzuziehen.
- Setzen Sie bei jedem der Verbündeten eine Aktion oder Aktivität um, mit der Sie die Beziehung stärken und/oder sich in deren Wahrnehmung zu einem Vorbild entwickeln.

Das Glücksfeld „Stressbewältigung"

Negativer Disstress, große Probleme und anscheinend unüberwindbare Hindernisse und Schwierigkeiten führen zu negativen Energien und Unwohlsein und verhindern, dass wir uns auf unsere Stärken und Potenziale fokussieren und die eigene Substanz steigern und nutzen. Wohlbefinden und Disstress schließen sich meistens aus. Wer hingegen seine persönliche Mitte und innere Stabilität gefunden hat, seine inneren Stabilisatoren kennt und daher weitgehend stressfrei agieren kann, ist in der Lage, sich selbst zu vertrauen – und traut sich dann auch etwas zu. Die Selbstwirksamkeitserwartung – also die Überzeugung, die Dinge eigeninitiativ und aktiv beeinflussen zu können – steigt. Während ein Mensch mit gering ausgeprägter Selbstwirksamkeitserwartung selten sich selbst als den Verursacher von Erfolgen sehen kann, fällt es einem Menschen mit hoher Selbstwirksamkeitserwartung leicht, erreichte Ziele und Erfolge dem eigenen Handeln zuzuschreiben.

Darum: Wichtig ist der Aufbau der Fähigkeit, Um- und Zustände, die als Stressoren empfunden werden und somit Wohlbefinden und Glück einschränken, beeinflussen zu können.

Wohlfühlstrategie 5: Sie konzentrieren sich vollkommen auf sich selbst

Der entscheidende Faktor bei der Stressbewältigung ist die Konzentration auf sich selbst, auf die eigenen Stärken, Energien und Potenziale, die es zu entdecken und zu stärken gilt, um sie dann einsetzen zu können, wenn wir sie brauchen. Bedenken Sie dabei, dass Stress erst einmal nichts Negatives ist, im Gegenteil: Im größten Stress sind wir maximal konzentriert, weil unser Körper ganz und gar auf die Bewältigung gefährlicher und belastender Situationen ausgerichtet ist – ein Relikt aus grauer Vorzeit, als es für den Menschen von überlebensnotwendiger Bedeutung war, den Körper durch kräftigen Adrenalinausstoß sekundenschnell in Alarmbereitschaft zu versetzen und ihn auf Kampf oder Flucht zu programmieren. Dabei wird der menschliche Organismus auf Höchstleistung getrimmt; alle Körperfunktionen, die nicht unbedingt notwendig sind, der Bedrohung auszuweichen, werden heruntergefahren – leider auch die Denkfähigkeit des Gehirns, denn der Verteidigungsmechanismus des Körpers soll nicht durch zu langes und unnützes Nachdenken beeinträchtigt werden. Das Problem: Unser Denkvermögen ist genau dann besonders eingeschränkt, wenn wir es am nötigsten brauchen, um nach Auswegen und Lösungen zu fahnden. Mit anderen Worten: Stress macht dumm.

> ***Jede Anti-Stress-Strategie sollte darum mit dem Ziel verknüpft sein, den Adrenalinspiegel zu senken. Dies gelingt, indem Sie stressige Situationen so weit wie möglich vermeiden und mit Stresssituationen konstruktiv und produktiv umgehen. Fragen Sie sich, welche Stressoren bei Ihnen rasch zu Blockaden führen.***

Wenn Sie diese Stressoren vermeiden, ist schon einmal einiges gewonnen. Da dies nicht immer möglich sein wird, empfehle sich, einen Wechsel zwischen belastenden und entlastenden Situationen herzustellen, sodass sich Phasen der Anspannung und Phasen der Entspannung abwechseln. Im beruflichen Kontext bietet sich zum Beispiel an, eine Stresspause als festen Bestandteil in den Berufsalltag einzubauen.

Stressoren gibt es wie Sand am Meer; die Skala reicht von körperlichen bis zu seelischen Stressauslösern. Verstärkt wird das Problem dadurch, dass es gar nicht einmal einer realen Situation bedarf, um eine Stressreaktion hervorzurufen: Diese zeigt sich, wenn Sie – zum Beispiel – vor einem sehr belastenden

Gespräch mit dem Partner, dem unsympathischen Vorgesetzten oder einer wichtigen Kundin stehen. Sie zeigt sich aber auch, wenn Sie sich diese Situationen nur vorstellen. Das heißt: Dunkle negative Vorstellungen und Gedanken sowie Sorgen und Ängste ziehen ähnliche Stresssymptome nach sich wie reale Situationen.

Feelgood-Impuls 9: Definieren Sie Ihre „critical Incidents" und finden Sie Ihre persönlichen Bewältigungsstrategien

Stressbewältigung beginnt mit der Ursachenforschung. Halten Sie schriftlich die Stressoren fest, die Sie besonders belasten – und zwar die realen, aber auch Ihre Ängste und Sorgen, die Ihre Gedankenwelt bevölkern. Prüfen Sie, wie Sie bisher mit diesen Situationen und negativen Gedanken umgegangen sind. Oft setzen wir automatisch höchst effektive Stressbewältigungstechniken ein. Während der eine fünf Minuten an die frische Luft geht, begibt sich der andere auf eine Fantasiereise und stellt sich vor, wie er abends mit den Kindern spielt. Wichtig ist, sich dieser automatisch eingesetzten Techniken bewusst zu werden, um sie in Zukunft gezielt einzusetzen.

Eine besondere Bedeutung in diesem Kontext haben die „critical Incidents", also die „kritischen Ereignisse", die so belastend sind, dass Sie durch sie an Ihre persönlichen Grenzen gestoßen sind. Interessant ist nun die Analyse, wie Sie mit diesen Situationen umgegangen sind und in ihnen reagiert haben: Welche Strategien und Verhaltensweisen haben bei einem kritischen Ereignis dazu geführt, dass es Ihnen doch noch gelungen ist, die Situation zu retten und zu einem erfolgreichen Abschluss zu führen? Und umgekehrt: Warum ist es Ihnen nicht gelungen, eine kritische Situation zu einem guten Ende zu entwickeln?

Sichere Führung aus der Hand geben

Als Trainer und Coach arbeite ich immer wieder mit ATP- und WTA-Tennisprofis zusammen. Bei einem dieser Tennisspieler war es schon des Öfteren vorgekommen, dass er trotz einer deutlichen Führung – etwa 6-0, 3-0 – doch noch verloren hatte, einmal sogar bei einem Zweisatz-Match 6-0, 3-6, 0-6. Irgendeine Blockade hinderte ihn daran, auch bei einer hohen Führung seine Potenziale zu nutzen. Plötzlich war auf einmal alles weg. Die Aufgabe bestand darin, herauszufinden, warum es zu diesen sportlichen Einbrüchen kam und warum es nicht gelingen wollte, auf der Grundlage einer Führung das Match in Ruhe „nach Hause zu spielen".

In diesem Fall war es der Klassiker: Die Angst vor dem Sieg hinderte meinen Coachee daran, auch weiterhin seine Stärken ausspielen zu können. Die für einen Tennisspieler so wichtige Fähigkeit, sich ganz und gar auf den nächsten Ballwechsel zu konzentrieren, ohne über das Ergebnis des Spiels, des Satzes oder gar des Matches zu reflektieren, ging verloren. Hinzu kam die Prägung, als Perfektionist kein Spiel verlieren zu dürfen, was bei einer klaren Führung natürlich vollends zum Tragen kam: „6-0, 3-0 – diese Führung noch aus der Hand zu geben, käme einer Schande gleich!" – so der verhängnisvolle Gedanke, der es ihm unmöglich machte, sich auf den nächsten Ballwechsel zu fokussieren. Solche hemmenden Gedanken auszuschalten, gelang schließlich mithilfe der folgenden Übung (siehe „Bewältigungsstrategien für Ihre ‚critical Incidents'").

Danach ist es ihm nur noch ein einziges Mal passiert, ein Match bei einer deutlichen Führung doch noch aus der Hand zu geben.

Impulsübung 9: Bewältigungsstrategien für Ihre „critical Incidents“

- Notieren Sie Ihre „kritischen Ereignisse“. Was genau ist dabei passiert?
- Finden Sie (gegebenenfalls mit externer Hilfe) heraus, warum es zu diesen Ereignissen gekommen ist.
- Welche Coping-Strategien, welche Verhaltensweisen, welche Techniken, welche Kompetenzen haben Ihnen dabei geholfen, solche Ereignisse zu bewältigen?
- Übertragen Sie die Bewältigungsstrategien, Verhaltensweisen, Techniken und Kompetenzen auf zukünftige kritische Ereignisse.

Feelgood-Impuls 10: Nutzen Sie die Technik der kognitiven Umstrukturierung

Wahrscheinlich kennen Sie die berühmte „Geschichte mit dem Hammer“, die wir in Paul Watzlawicks „Anleitung zum Unglücklichsein“ finden (Watzlawick 1993, S. 35-36): „Ein Mann will ein Bild aufhängen. Den Nagel hat er, nicht aber den Hammer. Der Nachbar hat einen.“ Der Mann will ihn fragen, dann jedoch überfallen ihn Zweifel: „Was, wenn der Nachbar mir den Hammer nicht leihen will? Gestern schon grüßte er mich nur so flüchtig.“ Wahrscheinlich hat er etwas gegen mich, vielleicht mag er mich nicht, so sein Verdacht. „Und was? Ich habe ihm nichts getan; der bildet sich da etwas ein. Wenn jemand von mir ein Werkzeug borgen wollte, ich gäbe es ihm sofort. Und warum er nicht? (...) Leute wie dieser Kerl vergiften einem das Leben. Und dann bildet er sich noch ein, ich sei auf ihn angewiesen.“ Wir kennen das Ende dieser für den Mann stressigen Situation: Er stürmt zu seinem Nachbarn und schreit ihn an: „‚Behalten Sie sich Ihren Hammer, Sie Rüpel!'"

Die Geschichte veranschaulicht, wie Gedanken unser Leben und unser Verhalten bestimmen und zu Stress führen. Die Technik der kognitiven Umstrukturierung hilft, den Folgen und der Negativspirale der falschen Annahmen, die wir über Situationen und Menschen treffen, zu entkommen. Aus der Annahme „Der mag mich nicht" und dem daraus resultierenden Gedanken, der andere halte mich zum Beispiel für unfähig und könne mich nicht leiden, entsteht die Verhaltensweise, „den rüpelhaften Nachbarn" zu beschimpfen, oder eine andere destruktive Haltung. Im Zentrum meines Feelgood-Impulses steht, dass Sie Ihren irrationalen Gedanken und unzutreffenden Annahmen auf die Spur kommen und diese gegen förderliche Gedanken und rationale Annahmen austauschen. Wenn Sie auf einen Menschen mit der Erwartungshaltung zugehen, dieser möge sie grundsätzlich, ist das noch lange kein Garant für eine gelungene Kommunikation, aber Sie gehen mit einer Einstellung auf ihn zu, die dies auch nicht von vornherein ausschließt, wie etwa in der Hammer-Geschichte.

Um noch einmal auf jenen Tennisspieler zurückzukommen: Dieser fluchte früher bei einem Ball, der knapp ins Aus ging: „Shit, wieder knapp im Aus. Jetzt läuft's wieder so wie beim letzten Mal!" Mithilfe der kognitiven Umstrukturierung ist es gelungen, dass sich seine Reaktion nun so anhört: „Okay, fast drin. Weitermachen, beim nächsten Mal passt es. Was habe ich zu tun, damit der Ball nicht wieder zu lang wird?"

Impulsübung 10: Kommen Sie Ihren sabotierenden und förderlichen Gedanken auf die Schliche

- Überlegen Sie bezüglich der Lebensbereiche
    - Umgang mit sich selbst
    - Berufsleben
    - Privatleben, Familie und soziales Leben
    - Gesundheit und Fitness
    - Finanzen und Materielles

  welche Gedanken, Einstellungen, Haltungen und Überzeugungen Sie
    - behindert oder
    - gefördert haben.
- Gegen welche förderlichen Gedanken, Einstellungen, Haltungen und Überzeugungen können Sie die hemmenden austauschen?

Wohlfühlstrategie 6: Sie gestalten Ihr Wunschleben

Es steigert unser Wohlbefinden, wenn wir das berechtigte Gefühl haben, Einfluss auf eine stressige Situation nehmen zu können und unser Leben insgesamt in die Richtung zu entwickeln, die wir uns wünschen und für die richtige halten. Das Handeln an sich und das Bewusstsein, Regisseur unseres Lebens zu sein, bewirkt meistens schon eine Optimierung unseres Wohlbefindens, insbesondere dann, wenn es uns gelingt, das zu kreieren, was ich unser Wunschleben – oder auch „Lieblingsleben“, dieser Begriff stammt von Sabine Bredemeyer (2019) – nennen möchte.

In unserem Wunschleben haben wir unser emotionales und rationales Warum gefunden, unseren Lebenszweck, unseren Lebenssinn. Wir konnten unser Leben zu einem großen Teil von dem befreien, was überflüssig ist und was uns herabzieht, uns also daran hindert, unsere Ziele zu erreichen. Wir haben jeden materiellen, aber auch emotionalen Krempel über Bord geworfen und können uns daher unbeschwerter und letztendlich auch stressfreier bewegen und uns darauf fokussieren, unser Wunschleben weiterhin auszugestalten.

Daraus ergibt sich für Sie ein umfänglicher Aufgabenkatalog: Kreieren Sie Ihre Lebensvision, definieren Sie, wie Ihr Wunsch- und Lieblingsleben ausschauen soll, und prüfen Sie, welche Veränderungen, Anpassungen und Verbesserungen Sie vornehmen müssen, um diese Lebensvision und dieses Wunschleben Realität werden zu lassen. Konzentrieren Sie sich dabei auf die Dinge, die Sie verändern können (Näheres dazu in Feelgood-Impuls 11).

Wer sein Wunschleben klar definieren kann, verfügt über gleich mehrere Vorteile:

> ***Sie wissen nicht nur, welche Ihrer Stärken und Potenziale Sie dabei unterstützen, als Wunschleben-Erfüller aktiv zu sein – weswegen Sie sie auf jeden Fall ausbauen sollten –, sondern auch, welche Energieräuber Sie dabei hemmen – weswegen Sie sich umgehend von ihnen verabschieden sollten.***

Versuchen Sie, das Nachdenken über Ihre Lebensvision und Ihr Wunschleben zu institutionalisieren. Was meine ich damit? Es geht darum, die Reflexionsarbeit zu einem festen Bestandteil

Ihres Lebens zu machen. Nehmen Sie sich darum möglichst regelmäßig eine Auszeit, um diese Reflexionsarbeit leisten zu können. Diese sollte nicht nebenbei und „zwischen Tür und Angel“ des Tagesgeschäfts erfolgen, sondern in Ruhe und mit Muße, eventuell im Austausch mit Menschen, die Ihnen nahestehen, und an einem ungewöhnlichen Ort. Es wäre kontraproduktiv, die Reflexionsarbeit zum Beispiel in Ihrem Büro durchzuführen, sie sollte dort stattfinden, wo Ihre Gedanken frei fließen können. Meine Empfehlung ist, sich einen oder zwei Tage lang in ein Hotel zurückzuziehen oder eine Blockhütte in den Bergen oder ein Ferienhaus am Meer zu mieten, sich also an einen Ort zu begeben, an dem Sie sich gern aufhalten und wohlfühlen.

Mein Wunschleben zwischen Berlin und Nizza

2026 ist es so weit. Dann bin ich nicht nur 60 Jahre alt, sondern werde meine Lebensvision, meine Vorstellung von meinem Wunschleben verwirklicht haben.

Ich begebe mich auf eine Zeitreise und versetze mich zurück in das Jahr 2006: Ich sitze in einem günstigen Hotel in der Nähe von Nürnberg und überlege, wie mein Wunschleben in 20 Jahren ausschauen soll. Vogelhuber-Reflexionszeit ist angesagt. Ich fasse einen Entschluss, der in den nächsten Jahren und Jahrzehnten mein Leben bestimmen und steuern wird. Ich will in den nächsten 20 Jahren mit aller Konsequenz und Akribie daran arbeiten, ab 2026 die Hälfte meiner Zeit in Berlin zu verbringen, um von dort aus Menschen dabei zu unterstützen, ihr Leben zum Aufblühen zu bringen. Und die andere Hälfte meiner Lebenszeit verbringe ich in Frankreich, in Nizza an der Mittelmeerküste, der Côte d’Azur, um auch von dort aus meine Mission zu erfüllen. Das ist mein Wunschleben, auf dessen Realisierung ich Schritt für Schritt hinarbeite.

Dazu gehört, einen Zeitplan zu erstellen, eine Art Lebens-Businessplan zu schreiben, zu dem auch finanzielle Überlegungen gehören, und Teilziele festzulegen. Das Wunschleben hat nichts mit Wolkenkuckucksheim zu tun, im Gegenteil. Zur Visionserreichung gehören Planung und Konsequenz. Ich will zum Beispiel die französische Sprache erlernen, mir eine Wohnung in Nizza einrichten, um dort leben und arbeiten zu können, und vieles mehr. Ein großes Ziel in Teilziele herunterzubrechen ist hilfreich bei der Umsetzung, auch, um nicht von dem übergroßen, in zeitlicher Ferne liegenden Ziel zurückzuschrecken. Überschaubare und realisierbare Teilziele, die ich entsprechend feiere, sobald ich sie umsetze, halten die Motivation hoch. Zumindest bei mir funktioniert das Konzept der kleinen Schritte, die ich seit 2006 regelmäßig mithilfe meiner Vogelhuber-Reflexionsarbeit überprüfe. Und sobald ich feststelle, dass bestimmte Vorhaben nicht umsetzbar sind, nehme ich Planänderungen vor. Wer sich um jeden Preis an seinen Zielen und Vorhaben festklammert und zur Kurskorrektur nicht in der Lage ist, hat verloren.

Entscheidend für mich ist, das große Ziel und das Wunschleben 2026 nicht aus den Augen zu verlieren.

Feelgood-Impuls 11: Ändern Sie zuallererst das, was Sie ändern können

Vielleicht kennen Sie das Gelassenheitsgebet des US-amerikanischen Theologen und Philosophen Reinhold Niebuhr (1892-1971):

> ***„Gott, gib mir die Gelassenheit, Dinge hinzunehmen, die ich nicht ändern kann,***
> ***den Mut, Dinge zu ändern, die ich ändern kann,***
> ***und die Weisheit, das eine vom anderen zu unterscheiden.“***

Aus eigener Erfahrung kann ich bestätigen, dass dieses Gebet oft im Kreise Gleichgesinnter genutzt wird, um sich zu verdeutlichen, wie wichtig es ist, sich auf die Dinge zu konzentrieren, auf die wir wirklich Einfluss nehmen können. Es ist zeitraubend, energievernichtend und unsinnig, wenn wir etwas verändern wollen, das sich unserer Einflusssphäre entzieht und das wir daher nicht oder kaum beeinflussen können. Ähnlich verhält es sich bei der Stressbewältigung. Klopfen Sie Ihre Stressoren und belastenden Situationen daraufhin ab, ob es in Ihrer Macht liegt, sie abzustellen oder in ihren negativen Konsequenzen abzumildern. Hilfreich ist es, sich dabei die Frage zu stellen, ob ein Stressor durch Sie selbst ausgelöst worden ist. Die Wahrscheinlichkeit, ihn beeinflussen und dann auch eliminieren zu können, ist recht groß.

Nehmen wir ein einfaches Beispiel: Sie fühlen sich so richtig gestresst, weil sie so gut wie jeden Morgen und jeden Abend auf dem Weg zur Arbeit und wieder nach Hause im Stau stehen. Gegen den Stau selbst können Sie nichts unternehmen, aber Sie könnten Ihren Arbeitgeber fragen, ob eine Veränderung Ihrer Arbeitszeit möglich ist, um den stauanfälligen Stoßzeiten zu entgehen. Oder Sie prüfen, ob Sie auf andere Verkehrsmittel ausweichen oder sich ein Teil Ihrer Arbeit im Homeoffice erledigen lässt. Welche Möglichkeiten Ihnen offenstehen, ist von Ihren individuellen Lebensumständen abhängig. Worum es mir geht: Legen Sie den Fokus auf das, was Sie ändern können. Auch wenn der Stressor durch eine andere Person verursacht oder in Gang gesetzt wird, lohnt sich die Prüfung, ob Sie diese Person beeinflussen oder mit ihr sprechen können, sodass sie ihr Verhalten derart ändert, dass der Stressor für Sie entfällt.

> ***Es ist besser, eine kleine und unscheinbare Veränderung zu erreichen, die mit einer Verbesserung verknüpft ist, als sich an Dingen abzuarbeiten, die sich nur mit der allergrößten Kraftanstrengung von der Stelle rücken lassen.***

Verringern Sie die Stressdosis und den Anstieg Ihres Adrenalinspiegels, indem Sie belastende Situationen vermeiden oder deren negative Auswirkungen abschwächen. Im Idealfall bleiben dann nur noch diejenigen Stressoren übrig, auf die Sie keinen Einfluss haben und die deshalb unvermeidlich sind. Das ist der Moment, um Stressbewältigungsmethoden und -techniken einzusetzen. Ich denke zum Beispiel an Sport und Bewegung, Naturerlebnisse aufsaugen, effektives Ziel- und Zeitmanagement, Urlaub machen, Delegation, innere Antreiber bekämpfen, Entspannungstechniken und Mediation, Konzentrations- und Visualisierungstechniken, Achtsamkeitsübungen, Musik und Literatur, Kunst und Kultur und so weiter …

- **Stopp, Herr Vogelhuber! Ich habe dazu eine Frage!**
  Welche der Stressbewältigungsmethoden und -techniken ist besonders gut geeignet, mir zu helfen?

: **Oliver Vogelhuber:** Die allein selig machende Stressbewältigungsmethode, die auf alles und für alle passt, gibt es nicht. Welche Methode die richtige ist, ist individuell verschieden. Trotzdem möchte ich mich vor der Beantwortung Ihrer Frage nicht drücken: Ich denke, dass Bewegung im Allgemeinen und Sport im Besonderen sehr hilfreich sind, um

Stressresistenz aufzubauen; zudem gibt es zahlreiche weitere positive Folgen regelmäßiger Bewegung.

- Welche sind das denn?

: Oliver Vogelhuber: Wissenschaftliche Studien (siehe dazu Blech 2015) legen die Vermutung nahe, dass Bewegung die geistige Gesundheit fördert. Wer sich viel und regelmäßig bewegt, baut einen Schutzschild gegen Stress auf, verbessert seine Gedächtnisleistungen, optimiert seine Aufnahmefähigkeit und lernt leichter.

- Können Sie ein Beispiel geben?

: Oliver Vogelhuber: Laut Jörg Blech bauen Sie einen „Schutzschild gegen Stress" auf, indem Sie durch Sport und Bewegung Ihre Muskelzellen animieren, ein Protein herzustellen, das Stressfaktoren aus dem Blut filtert. Zudem spricht er von „Hirndoping aus den Muskeln" und „mehr Grips durch Sport". Grundaussage ist, dass uns Sport und Bewegung helfen, auch mental stärker zu werden. Und das kann auch ohne Leistungsdruck gelingen.

- Ups, schlechte Zeiten für Faultiere, Bewegungsmuffel und Couchhelden!

Zum Schluss dieses Impulses möchte ich das Gelassenheitsgebet wiederholen, allerdings mit leichten Abänderungen:

**„Gott, gib mir die Gelassenheit, Stressoren hinzunehmen,
die ich nicht ändern kann,
den Mut, belastende Situationen zu ändern, die ich ändern kann,
und die Weisheit, das eine vom anderen zu unterscheiden."**

Impulsübung 11: Unterscheiden Sie zwischen Fremdanteil und Eigenanteil

Um die Kraft und Energie auf die Situationen zu fokussieren, die Sie beeinflussen können, empfiehlt sich diese Vorgehensweise:

- Sie stecken in einer belastenden Situation fest.
- Stellen Sie fest, worin genau der Fremdanteil besteht und worin Ihr Eigenanteil.
- Für den Fremdanteil können Sie nichts, aber eventuell können Sie trotzdem Einfluss nehmen, indem Sie mit dem Verursacher Rücksprache halten.
- Falls Sie an dem Fremdanteil nichts ändern können – oder nur mit einem erheblichen Einsatz, der sich für Sie nicht lohnt –, akzeptieren Sie dies.
- Für den Eigenanteil sind Sie verantwortlich. Planen Sie, wie Sie die belastende Situation in den Griff bekommen.

Feelgood-Impuls 12: Nutzen Sie Krisen, Fehler und (scheinbare) Misserfolge, um zu wachsen

Entwickeln Sie Stehaufmännchen-Qualitäten, indem Sie stressige Krisen, Fehler, Rückschläge und Niederschläge zum Anlass nehmen, erst einmal wieder aufzustehen und dann zu wachsen und noch stärker zu werden. Grundvoraussetzung dafür ist die Neubewertung von Krisen, die Sie nicht als Probleme und etwas Negatives einordnen dürfen, sondern als Chance, einen Lernprozess in Gang zu setzen und sich weiterzuentwickeln. Das kann so weit reichen, selbst in einem traumatischen Erlebnis den Anstoß für ein posttraumatisches Wachstum zu erkennen (vgl.

Lyubomirsky 2018, S. 166-169). Denn ein Mensch kann auch aus einer tiefgreifenden existenziellen Krise gestärkt hervorgehen. Aus einem Verlustgefühl erwächst ein Gewinn, weil wir gerade in solchen Situationen erfahren, worin unsere Stärken liegen und dass das Leben auch andere Entwicklungen für uns bereithält, als wir vermutet haben. Wir erkennen, dass wir über Kräfte und Energien verfügen, von deren Vorhandensein wir bisher nichts geahnt haben. Außerdem dürfen wir in solchen Situationen oft die wohltuende Unterstützung und Hilfe anderer Menschen erleben.

Wie können Sie aktiv dazu beitragen, damit aus Krisen Chancen erwachsen? Entscheidend ist, sich von der Krise nicht überwältigen zu lassen und die Hintergründe zu analysieren: Wie sind Sie in die Situation hineingeraten? Denn so erkennen Sie rasch, ob und inwiefern Sie überhaupt für die Krise (oder den Fehler, den Rückschlag, den Misserfolg) Verantwortung übernehmen müssen, sich die Krise also selbst zuzuschreiben haben und als eigenes Versagen definieren müssen, oder ob es nicht doch eher die Umstände und Rahmenbedingungen waren, durch die sie herbeigeführt wurde. Der große Vorteil:

> ***Wer Umstände und Rahmenbedingungen als Verursacher der Krise identifiziert hat, verfügt über detaillierte Ansatzpunkte, substanzielle Veränderungen und Verbesserungen vorzunehmen.***

Zudem fällt es so leichter, die Krise zunächst einmal als gegeben anzunehmen und zu akzeptieren, um danach den Kopf frei zu haben, sich in Ruhe und ohne Selbstanklage um die Beeinflussung der entscheidenden Umstände und Rahmenbedingungen zu kümmern. Sie sind nun in der Lage, sich auf die Bewältigung der Herausforderung vorzubereiten und selbstbewusst auf die Suche nach Unterstützern zu gehen.

Impulsübung 12: Lernen Sie aus Ihren Lebenskrisen

- Bei so gut wie allen Menschen spielen die Lebensbereiche „Beruf", „Familie und soziales Leben", „Gesundheit" und „Sinngebung" eine Rolle. Halten Sie – am besten schriftlich – für jeden Lebensbereich die größte und belastendste Krise fest, die Sie erlebt haben.
- Wie ist es Ihnen gelungen, die Krise zu bewältigen?
- Nutzen Sie die angewandten Krisenbewältigungsstrategien und -techniken, um auch in Zukunft ähnliche Situationen zu meistern.
- Welche Kompetenzen fehlen Ihnen, um zukünftige Krisensituationen noch besser bewältigen zu können? Bauen Sie diese Kompetenzen auf!

Das Glücksfeld „Das Leben genießen und Flow-Erlebnisse herbeiführen“

Vielen Menschen ist die Fähigkeit abhandengekommen, sich auf den Augenblick zu konzentrieren und ihn zu genießen. Das ist kein Phänomen der Gegenwart, es hat sich aber aufgrund verschiedener gesellschaftlicher Entwicklungen enorm verstärkt. Wir müssen lernen, wieder ganz bei der Sache zu sein, im Hier und Jetzt zu leben und uns voll und ganz in die Tätigkeit (was auch immer das sein mag), die wir momentan ausüben, zu versenken. Wir müssen das, was wir tun, wieder mit Konzentration, Fokussierung, Passion und Herzblut tun – so wie ein Kind, das sich seinem Spiel hingibt, oder ein Künstler, der sich ganz und gar auf sein Werk konzentriert, dabei die Welt um sich herum vergisst und dabei erlebt, was Mihály Csíkszentmihályi den Flow-Zustand nennt (siehe zum Beispiel Csíkszentmihályi 2017).

Wohlfühlstrategie 7: Sie entdecken Ihre Wow-Situationen

Es ist gar nicht so leicht, den Flow-Zustand für Menschen, die ihn noch nie erlebt haben, nachvollziehbar zu beschreiben; jenen Zustand des Entrückt-Seins, in dem wir weder Überforderung und Stress noch Unterforderung und Langeweile spüren und in dem die Herausforderungen und Aufgaben, mit denen wir uns beschäftigen, im genau richtigen Verhältnis stehen zu unseren Kompetenzen, Fähigkeiten und Qualitäten. Ich bin der Überzeugung, dass die meisten Menschen über höchst individuelle und subjektive Engagements- und Leidenschaftsfaktoren verfügen und es darum wichtig ist, diesen Faktoren auf die Spur zu kommen, also die Tätigkeit oder Tätigkeiten zu identifizieren, bei denen sie alles um sich herum vergessen. Wir erleben im Flow ein So-Sein, bei dem wir vertieft sind in ein Problem oder eine Sache, die uns wahrhaftig interessiert. Darum bekommen wir im Flow nicht mit, was um uns herum geschieht.

> ***Wäre es nicht fantastisch, diesen Zustand immer wieder erleben zu dürfen, auch, weil wir in ihm das kreative Potenzial, das in uns steckt, aktivieren können?***

Im Flow-Zustand haben wir das sichere Gefühl, selbst die kompliziertesten Herausforderungen meistern zu können und es einfach zu schaffen. „Wow – das ist es“, so unser Gedanke. Unser Selbstbewusstsein und unser Selbstwertgefühl sprengen alle Grenzen und erreichen ungeahnte Höhen. Es macht mich traurig, wenn ich von Menschen höre, denen es noch nie vergönnt war, diesen Zustand zu erleben. Aber das lässt sich ändern, zumindest für die meisten Menschen.

• **Stopp, Herr Vogelhuber! Ich habe dazu eine Frage!**
Ist der Flow vor allem für Menschen erreichbar, die einer komplexen Aufgabe nachgehen? Ich denke zum Beispiel an Ärzte, etwa einen Chirurgen, unter dessen Händen ein Menschenleben gerettet wird, oder an Künstlerinnen und Künstler, Musikerinnen und Musiker, Schriftsteller und Schriftstellerinnen, an einen Klaviervirtuosen, der in seinem Spiel voll und ganz aufgeht und sich in einer anderen Dimension wähnt.

: **Oliver Vogelhuber:** Nein, da widerspreche ich vehement. Ich kenne einen Mann, der sich im Flow befindet, während er an der Nähmaschine sitzt und für seine Enkel etwas näht. Und eine andere Person, die mir nahesteht, gerät in den Flow, während sie an der Hobelbank steht.

• Das sind Tätigkeiten, die ich zunächst einmal nicht unbedingt mit einem entrückten Zustand in Verbindung bringen würde.

: **Oliver Vogelhuber:** Flow ist bei beruflichen Tätigkeiten ebenso möglich wie bei privaten Aktivitäten oder im 08/15-Alltagstrott und im ganz normalen und Tagesgeschehen. Selbst Routinetätigkeiten sind Flow-kompatibel. Wir müssen also die Wow-Situation finden, in der es wie von selbst geschieht, in den Flow-Zustand zu geraten. Setzen Sie sich an Ihre individuelle Nähmaschine!

• Sehr schön. Es kann also jeder Mensch in seinen individuellen Flow-Zustand geraten.

: **Oliver Vogelhuber**: Leider muss ich schon wieder widersprechen. Denn es gibt Menschen, die von ihrer Disposition her dazu einfach nicht in der

Lage sind. Ich denke dabei zum Beispiel an meinen Vater. Bei allem, was er tat, dachte er immer nur an die möglichen, und auch unmöglichen, Konsequenzen, er stand sich selbst im Weg, und seine Ängste und Befürchtungen hinderten ihn daran, jemals auch nur in die Nähe des Flow-Zustandes zu gelangen.

Feelgood-Impuls 13: Suchen Sie Situationen innerhalb Ihrer Komfortzone, die Sie in einen Flow versetzen

Immer wieder höre ich, wie richtig und zielführend es sei, die Komfortzone zu verlassen und in die Lern- und Wachstumszone zu gelangen. Und tatsächlich mag es Situationen geben, in denen dies angebracht ist. Um aber Flow-Erfahrungen zu sammeln, ist das meiner Ansicht nach ein fataler Irrweg. Im beruflichen Kontext etwa ist es angemessen, neue Herausforderungen zu suchen, aber weil so die Gefahr der Überforderung besteht, ist es unmöglich, in den Flow-Zustand zu gelangen. Besser ist es, den Umstand zu nutzen, dass unser Gehirn den Neurotransmitter Dopamin ausschüttet, sobald wir auf ein Ziel zusteuern und dieses Ziel auch tatsächlich erreichen können. Der Neurotransmitter „treibt uns an und versetzt uns – das Ziel greifbar vor Augen – in einen leicht euphorischen Zustand freudiger Erregung" (von Münchhausen 2017, S. 31).

Mit anderen Worten: Unter Flow-Gesichtspunkten ist es geradezu kontraproduktiv, sich einer allzu fordernden Aufgabe zu stellen, um zum Beispiel etwas Neues zu lernen und über sich selbst hinauszuwachsen.

> ***Wenn Sie sich auf die Suche nach „Ihrer individuellen Flow-Situation" begeben wollen, werden Sie eher im Rahmen Ihrer Komfortzone fündig werden.***

Ich plädiere für weniger Tschakka-Tschakka-Flow und die Fokussierung auf den Normalbereich, auch, weil der Tschakka-Flow suggeriert, Flow – und damit auch Kreativität im Zustand des Entrückt-Seins – sei nur wenigen auserwählten Menschen gegeben, während Otto Normalverbraucher, Lieschen Müller und Martina Mustermann leider ohne Flow-Erfahrungen durchs Leben kommen müssten. Das ist, gelinde ausgedrückt, großer elitärer Quark und ausgesprochener Nonsens. Es gibt für jeden von uns Flow-Momente – wir müssen sie nur finden.

Impulsübung 13: Positive und freudige Situationen finden – und dann ab in den Flow

Wer seine Flow-Situation noch nicht gefunden hat, fängt klein an und steigert sich dann langsam:

- Notieren Sie die Dinge, die Sie ganz besonders gern machen und die Ihnen riesigen Spaß bereiten.
- Schreiben Sie auf, was Sie in diesen Situationen empfinden. Vielleicht befinden Sie sich schon im Flow?
- Welche dieser Situationen und Tätigkeiten – entscheiden Sie sich für eine Tätigkeit – kommt einem Zustand, in dem Sie alles um sich herum vergessen, am nächsten?
- Suchen Sie diese Situation immer wieder auf.

Feelgood-Impuls 14: Lernen Sie mithilfe von Achtsamkeitsübungen, im Hier und Jetzt zu leben und die Schönheit und Harmonie des Lebens zu genießen

Unsere Aufmerksamkeitsspanne nimmt immer mehr ab. Die neuen Medien und insbesondere der „Feind in unserer Hand“, das Smartphone, sind Ursachen und Symptome zugleich für unser wachsendes Unvermögen, uns auf den Augenblick und das, was wir gerade tun, zu fokussieren und das Leben in all seiner Schönheit und Harmonie schlicht und einfach zu genießen. Haben Sie sich schon einmal dabei ertappt, dass Sie auf Ihr Smartphone schauen, ohne dass es einen konkreten Grund dafür gäbe? Gelingt es Ihnen, einer Tätigkeit für einen längeren Zeitraum – sagen wir 30 oder gar 60 Minuten – nachzugehen, ohne auf das Smartphone zu schielen? Wie viele Minuten – oder Stunden – verbringen Sie täglich auf Social Media? Prüfen Sie, welche Apps Sie am häufigsten nutzen: Was sagt das über Ihre Fähigkeit aus, sich im Hier und Jetzt aufzuhalten?

Genug der Smartphone-Schelte. Die meisten Menschen müssen wieder lernen, die Dinge um sich herum auszublenden und achtsam zu sein, sodass sie sich wieder auf das konzentrieren können, was sie gerade tun. Ich sage mir immer:

> ***„Wenn ich esse, dann esse ich. Wenn ich lese, dann lese ich. Wenn ich arbeite, dann arbeite ich. Wenn ich Sport treibe, dann treibe ich Sport.“***

„Achtsamkeit“ beschreibe ich als die Bereitschaft und Fähigkeit, in einer Situation zu 100 Prozent präsent zu sein und sich darüber im Klaren und bewusst zu sein, wo wir gerade sind und was wir tun. Achtsamkeit ist einerseits eine Frage der Überzeugung und Einstellung und andererseits der Kompetenz, mithilfe entsprechender Übungen, etwa Atemübungen, Achtsamkeit entwickeln zu können. Kontraproduktiv ist es, sich von dem überwältigen zu lassen, was um uns herum geschieht. Der achtsame Blick ist eher nach innen gerichtet.

Insofern ist Achtsamkeit eine Voraussetzung von Flow. Nur wer achtsam gegenüber sich selbst ist, hat die Möglichkeit, jenen entrückten Zustand zu erreichen. Dabei ist es von Mensch zu Mensch sehr unterschiedlich, wie man in den Flow-Zustand gelangt.

• **Stopp, Herr Vogelhuber! Ich habe dazu eine Frage!**
Viele Menschen schwören darauf, mit Yogaübungen in den Flow zu geraten. Wie sehen Sie das?

: **Oliver Vogelhuber:** Es mag sein, dass es Menschen gibt, bei denen das funktioniert. Ich gehöre allerdings nicht zu diesen Menschen

• Das hört sich so an, als ob Sie über einschlägige Erfahrungen verfügten.

: **Oliver Vogelhuber**: Allerdings. Ich erinnere mich an ein Date, bei dem ich mich über ein Dating-Portal mit einer Dame verabredet habe. Wir haben uns damals in einem stundenlangen Telefonat über Yogaübungen ausgetauscht, denn für sie führte der Weg in den Flow direkt über solche Übungen. Sie lud mich ein, das auch einmal auszuprobieren. Wir haben uns dann an einem Samstagvormittag in Berlin-Wedding bei ihr getroffen, um ein paar „Sonnengrüße" zu absolvieren und unsere Körper mit dem inneren Selbst zu verbinden. Ich muss gestehen, ich war leicht geschockt, als ich der Dame gegenüberstand, die den Flow-Zustand bevorzugt in einer hautengen pinkfarbenen Leggings aufsuchte und mich nun aufforderte, es ihr gleichzutun. Kurz gesagt: Ich musste passen – ich in einer hautengen Leggings beim Sonnengruß, unvorstellbar. Die Moral von der Geschicht' lautet für mich: „Lass jeden Menschen so, wie er ist, versuche nicht, ihn zu verändern, lass ihn seinen eigenen achtsamen Weg suchen und finden, auch den zu seinem persönlichen Flow!" Und niemand sollte versuchen, andere Menschen dazu zu überreden, den Weg zu gehen, den man für sich selbst als den richtigen erkannt hat.

Bei allen Achtsamkeits- und Konzentrationsübungen ist es wichtig, sie ohne Störungen von außerhalb durchzuführen, um sich – pointiert ausgedrückt – auf die Konzentrationsübung konzentrieren zu können. Überhaupt gehören Störungen zu den großen Konzentrations- und Achtsamkeitsverhindern.

Impulsübung 14: Führen Sie eine Störquellenanalyse durch

- Notieren Sie einen Monat lang, wodurch Sie immer wieder unterbrochen und gestört werden.
- Prüfen Sie, auf welche dieser Störquellen Sie Einfluss nehmen können. Legen Sie Maßnahmen fest, mit denen Sie diese Störquellen ausmerzen können.
- Bei den Störquellen, für die Sie selbst verantwortlich (Smartphone!) sind, verfügen Sie über die größten Einflussmöglichkeiten.
- Schaffen Sie sich störungsfreie Zonen, in denen Sie ganz bei sich selbst und dem, was Sie tun, sein können.

Wohlfühlstrategie 8: Sie finden zu Ihrer inneren Balance und Stabilität

Immer wieder stehen wir vor schwierigen Entscheidungen. Das bedeutet zugleich, dass wir uns auch gegen etwas entscheiden. Oft geht es dabei um existenzielle Entscheidungen, und stets nutzen wir dabei eine Möglichkeit, unser Leben zu gestalten, und lassen eine Alternative liegen. Wir hoffen dabei, dass wir uns letztendlich für unser bestes Ich entscheiden und unsere Entscheidungen dazu führen, zu dem zu werden, der wir wirklich sind und zu unserem wahren Wesen vorzudringen. Auch diese Reise zu unserem besten Ich ist eine unendliche und eine Annäherung, bei der wir uns unserem Ziel Schritt für Schritt nähern, ohne es je zu erreichen.

Das erinnert mich an eine Geschichte, die sich so vielleicht nicht zugetragen hat, aber dem Renaissancekünstler Michelangelo Buonarroti (1475–1564) zugeschrieben wird und veranschaulicht, wie es gelingen kann, zu seinem wahren Wesen vorzudringen. Als Michelangelo von der Dombauverwaltung und der Florentiner Weberzunft um das Jahr 1500 herum den Auftrag erhielt, seine heute weltberühmte David-Statue zu schaffen, sollte der knapp 26-jährige Künstler die gigantische Figur aus einem schon vorhandenen Block hauen. Als er gefragt wurde, wie es ihm gelungen sei, mit nur einem einzigen Marmorblock zu arbeiten, soll er sinngemäß geantwortet haben: „Das war einfach, denn die Figur steckte bereits in dem Marmorblock drin. Ich musste nur noch alles Überflüssige wegschlagen."

In einer anderen Überlieferung stellt der Papst jene Frage, worauf Michelangelo gesagt haben soll: „Ganz einfach. Ich entfernte alles, was nicht David ist." Für mich weist diese Geschichte eine große Nähe zu dem Ansatz „Profile Your Life!" auf.

- **Stopp, Herr Vogelhuber! Ich habe dieses Mal eine Ergänzung!**
  Der Schriftsteller Mark Twain soll gesagt haben: „Schreiben ist leicht. Man muss nur die falschen Wörter weglassen."

: **Oliver Vogelhuber:** Richtig! Ganz so einfach ist es jedoch nicht. Aber Flow-Erlebnisse liegen vor allem dann im Bereich des Möglichen, wenn es Ihnen gelingt, sich darauf zu fokussieren, zu Ihrem wahren Selbst oder zu Ihrem besten Ich vorzudringen. Dabei gilt: „Dein bestes Ich ist nicht dein perfektes Ich. Dein bestes Ich macht das, was es kann, mit dem, was es hat, dort, wo es ist." (Foerster 2016, S. 17) Dann sind Sie ganz bei sich, und es kann Ihnen gelingen, der zu werden, der Sie sind.

- Könnte man sagen, dass Wohlbefinden und Glück dann möglich sind, wenn wir uns unserem Persönlichkeitskern annähern und zu unserem inneren persönlichen David vordringen und alles Falsche und Überflüssige weglassen?

: **Oliver Vogelhuber:** Vielen Dank! Besser hätte ich es auch nicht formulieren können.

Michelangelos „David" gilt als Inbegriff der harmonischen Formensprache und der Ausgeglichenheit der Proportionen. Ästhetik und Vernunft – die Kernbegriffe der Renaissance – stehen in einem ausgewogenen Verhältnis zueinander. Innere Balance und Stabilität durch Fokussierung und Konzentration auf das Wesentliche – das ist auch das Ziel von „Profile Your Life!".

Feelgood-Impuls 15: Entdecken Sie Ihren Fokus und die Stabilisatoren, die Ihnen weiterhelfen

Für mich ist der Gang ins Fitnessstudio ein Schritt zum Wesentlichen, die Möglichkeit, mir selbst so nahe wie nur irgend möglich zu sein. Hier kann ich relaxen, meine Gedanken ordnen, in die Selbstreflexion gelangen und mich auf das fokussieren und konzentrieren, was für mich wirklich wichtig ist. Hier habe ich meine Heureka-Momente und finde spontan und intuitiv Lösungen für Probleme, mit denen ich mich bereits seit Längerem beschäftige. Eine wohl erfundene, aber berühmte Anekdote erzählt, dass der griechische Mathematiker und Physiker Archimedes (285–212 v.Chr.) ein physikalisches Problem in der Badewanne liegend gelöst haben und ob des rettenden Einfalls aus der Wanne gesprungen sein und „Ich habe es gefunden!“ (= „Heureka!“) gerufen haben soll. Nebenbei angemerkt: Dabei ging es um das Gesetz des hydrostatischen Auftriebs von Körpern in Flüssigkeiten, das Archimedes entdeckte, als sein Körper in jener Wanne Wasser verdrängte, das aus der Wanne floss. Die Menge des verdrängten Wassers erlaubte ihm, die Dichte eines Körpers zu bestimmen. So konnte er in einem Experiment nachweisen, dass die Krone des Königs Hierons nicht aus purem Gold bestand. Wo also haben Sie Ihren Heureka-Moment? Oder anders gefragt:

> ***Wo ist die Wahrscheinlichkeit groß, dass Sie der Geistesblitz trifft, Sie die Muse küsst und Sie Flow-Erlebnisse mit hohem Wow-Faktor erwarten dürfen?***

Wenn Sie das herausgefunden haben, ist es mehr als vernünftig, den Heureka-Moment zu einer Gewohnheit zu entwickeln, daraus einen Standard abzuleiten und auf dieser Grundlage eine Routine zu etablieren.

Mein Heureka-Wohlfühlmoment mit 25 Duschgels

Der Heureka-Moment, in dem Sie sich so richtig und rundum wohlfühlen, kann in der Wahrnehmung anderer Menschen durchaus ein eher banaler sein. Es muss nicht immer die große Denker-Pose sein, die uns auf den richtigen Weg führt. Ich finde mein Kraftzentrum nicht nur im Fitnessstudio, sondern auch in der Badewanne. Dabei habe ich zwar noch nicht wie Archimedes Entdeckungen wie das Gesetz des hydrostatischen Auftriebs gemacht, aber doch schon den ein oder anderen kreativen Einfall gehabt, um ein berufliches oder privates Problem zu lösen. Mein Ritual, das ich dabei zelebriere: Ich lege mich für 30 Minuten in sehr heißes Wasser und nutze einige meiner französischen Duschgels, von denen ich ungefähr 25 verschiedene Sorten besitze. So kreiere ich ein Rundum-Wohlfühlfest für alle Sinne, schließe mich vom Rest der Welt ab, schöpfe Kraft und Energie und habe einfach tolle Ideen!

Impulsübung 15: Entdecken Sie Ihre hilfreichen Rituale und Gewohnheiten

- Entdecken Sie Ihren persönlichen Heureka-Moment: Wo hat er stattgefunden (im Fitnessstudio, in der freien Natur, zu Hause, unter der Dusche ...)? Wie ist er abgelaufen (beschreiben Sie die Rahmenbedingungen und Umstände)?
- Erhöhen Sie die Wahrscheinlichkeit, dass er sich wiederholt, indem Sie jene Rahmenbedingungen und Umstände immer wieder schaffen.
- Entwickeln Sie um Ort und Umstände herum (bei mir ist es zum Beispiel das Bad in der Wanne) ein Ritual, sodass jener Moment zu einer Gewohnheit wird.

Feelgood-Impuls 16: Nutzen Sie für Ihre Flow-Erfahrungen die Liebe zu und von anderen Menschen

Viele Flow-Erlebnisse sind individuell, persönlich und subjektiv geprägt. Wir durchleben sie – zum Beispiel – in freier Natur oder beim Schwitzen im Fitnessstudio. Aber häufig stehen die Flow-Erlebnisse mit anderen Menschen in einem Zusammenhang – ich erinnere Sie an das Glücksfeld „Soziale Beziehungen" und die Beziehungsringe, von denen in Feelgood-Impuls 6 die Rede ist. Die richtige Aufforderung, sich darauf zu fokussieren, sich dem persönlichen David anzunähern, darf nicht zu einer Einkapselung und einem Rückzug in die Innerlichkeit führen.

> ***Ebenso wichtig wie Fokussierung auf den eigenen Persönlichkeitskern sind die Öffnung nach außen und die Bereitschaft, die Menschen, die Sie lieben und von denen Sie geliebt werden, in Ihre Flow-Erlebnisse zu integrieren.***

Was heißt das? Der Kontakt mit den geliebten Menschen spielt in so gut wie jedem Lebensbereich eine bedeutsame Rolle. Er trägt zu Ihrer Gesundheit bei und stabilisiert Ihre mentale Fitness; Erfolg und Zielerreichung im Beruf sind wahrscheinlicher, wenn Sie es verstehen, andere Menschen – Mitarbeitende, Vorgesetzte, Kundinnen und Kunden – von sich zu überzeugen. Und die Bedeutung der Kontakte zu geliebten Menschen in dem Bereich „Privatleben und Familie" dürfte auf der Hand liegen. Selbstverwirklichung und Sinnerfüllung sind meistens gemeinsam mit, aber nie gegen andere Menschen möglich. Das Glücksnetz Ihres Lebens ist aus Beziehungen mit geliebten Menschen gewirkt, und um die Freuden des Lebens im Flow genießen zu können, sind zwar nicht immer andere Menschen zwingend notwendig, aber Flow gegen sie und in Opposition zu ihnen zu erreichen, ist meiner Meinung nach nicht möglich.

Impulsübung 16: Durch Kontaktpflege Flow-Erfahrungen herbeiführen

Ritualisieren Sie den Kontakt mit anderen Menschen, indem Sie:

- ein enges Beziehungsnetzwerk bezüglich Ihrer privaten Beziehungen knüpfen: Nehmen Sie sich zum Beispiel vor, Ihre fünf besten Freundinnen und Freunde alle zwei Wochen (einzeln) zu treffen oder anzurufen. Entscheidend ist die Kontinuität!
- ein ebenso engmaschiges Beziehungsnetzwerk am Arbeitsplatz herstellen, indem Sie zum Beispiel einmal im Monat mit einer Person essen gehen.
- viele Gespräche mit anderen Menschen führen. Gespräche, die in die Tiefe gehen und nicht an der Oberfläche der Themen „Wetter, Wetter – und Wetter" verbleiben, führen oft zu Flow-Erfahrungen.

Das Glücksfeld „Ziele setzen und erreichen"

Ohne Ziele sind keine Treffer möglich. Oder eleganter formuliert: „Wer den Hafen nicht kennt, in den er segeln will, für den ist kein Wind der richtige"; diese Aussage wird dem römischen

Philosophen Seneca (4. v. Chr. - 65 n. Chr.) zugeschrieben. Wer keine eigenen Ziele hat und verfolgt, der droht von anderen Menschen für die Zielerreichung fremder – und zuweilen dubioser – Ziele eingespannt zu werden. Eigene positive Ziele und die konkrete Planung, wie wir sie erreichen und umsetzen, sind zwar oft genug auch die Quelle für Enttäuschungen, aber immer auch die Grundlage für Wohlbefinden und Glück, wenn es uns gelingt, die Ziellinie zu überschreiten oder uns ihr zumindest anzunähern. Die Bündelung unserer Kräfte auf ein positives Ziel ermöglichen Stabilität und Orientierung, weil wir so das Ziel nicht aus den Augen verlieren.

Ziele sind starke Wegweiser zum Erfolg und energiereiche Motivatoren für unser volles Engagement und unseren bedingungslosen Einsatz. Zugleich lassen sie uns Rückschläge besser aushalten, weil wir wissen, dass die Zielerreichung ohne Verzicht und Rückschritte nicht möglich ist.

Wohlfühlstrategie 9: Sie gestalten Ihre Zukunft mithilfe Ihrer Lebensvision

„Wer Visionen hat, sollte einen Arzt aufsuchen." Dieser Ausspruch stammt von Altbundeskanzler Helmut Schmidt (1918–2015). Bei aller Wertschätzung – an dieser Stelle muss dem Elder Statesman widersprochen werden. Eine Vision beschreibt einen erstrebenswerten und durchaus realisierbaren Wunsch- und Sollzustand, mithin einen Idealzustand. Sie hat nichts mit einer Utopie zu tun, die zwar denkbar ist, jedoch nicht unbedingt verwirklichbar sein muss. Eine Vision hingegen kann den Weg in die Umsetzung finden. Wer eine Vision hat, verfügt über eine starken Handlungsimpuls und eine intensive und kraftvolle Motivation, sie in die Tat umzusetzen. Darum ist eine Vision immer eng verknüpft mit der konkreten Überlegung, wie sie sich verwirklichen lässt. Mit anderen Worten: Wer eine Vision hat, leitet daraus so gut wie immer eine Mission und konkrete Ziele ab. Und Ziele heißen Ziele, weil sie erreicht werden sollen und erreicht werden können.

> ***Ein Vision gibt dem Leben Halt und Stabilität, sie führt zu Orientierung, Gestaltungskraft, Konsequenz und Fokussierung.***

Wer eine Vision hat, lässt sich auch von Blockaden und Hindernissen nicht aufhalten, weil es ihm leichter fällt, Schwierigkeiten anzugehen, sind sie doch Stolpersteine auf dem Weg zum Ziel, die beiseite geräumt werden müssen. Umso erstaunlicher ist, dass nur so wenige Menschen die Frage nach ihrer Vision klar und eindeutig beantworten können und oft mit beredtem Schweigen reagieren. Vielleicht helfen Ihnen die folgenden Fragen dabei, erste Überlegungen zu Ihrer Vision anzustellen:

- Wenn Sie sich vorstellen, Ihr Leben würde in einem halben Jahr enden: Wie soll Ihr Leben dann aussehen?
- Wenn Sie ein Zukunftsbild malen, das Sie in fünf Jahren zeigt: Was stellt dieses Bild dar?
- In zehn Jahren wird eine Fernsehserie über Sie gedreht, Sie sind der Held dieser Serie: Wie heißt die Serie? Was soll über Sie berichtet werden?
- Welche Menschen sind Ihnen wichtig – und warum? Was sollen diese Menschen über Sie sagen?
- Wie lautet Ihr Lebensmotto?

Übrigens: Die Beschäftigung und die Beantwortung dieser Fragen führt Sie nicht nur zu Ihrer Vision, sondern auch zu Ihren Lebenszielen.

Feelgood-Impuls 17: Definieren Sie Ihre Lebensvision und Ihre Ziele mit allen Sinnen

Eine Vision – und auch jedes fundierte Ziel – bedeutet eine Verpflichtung, sie zu verwirklichen, und entfaltet darum eine Sogwirkung. Und diese Sogwirkung ist umso größer und intensiver, je plastischer und farbiger sie ist. Darum: Stellen Sie sich Ihre Vision als einen Lebens-Teppich vor, der aus den herrlichsten Stoffen hergestellt ist und die wunderbarsten Farben hat. Verknüpfen Sie die Vision – und die daraus abgeleiteten Ziele – mit einem Geschmack, einem Geruch, den Sie lieben. Weben Sie einen Visions-Teppich, der alle Ihre Sinne anspricht. Der Hintergrund dabei: Das Unterbewusste kann bildhafte Informationen hervorragend verarbeiten, und darum sollten Sie Ihre Vision und Ziele in kräftigen und farbenfrohen Bildern malen und mit positiven Emotionen verbinden.

Das Vorhaben, Ihre Vision und Ziele sinnenfroh zu gestalten, erreichen Sie, indem Sie mithilfe Ihrer Vorstellungskraft einen Motivations-Spot produzieren, in dem Sie die Dinge in Ihrem Leben zur Darstellung bringen, die Ihnen wichtig sind. Schmücken Sie den Spot mit visuellen Eindrücken aus, in denen es farbig und bunt zugeht, riechen Sie die Bilder, schmecken Sie sie, hören Sie das, was auf den Bildern vorgeht, „fassen“ Sie Ihre geistigen Bilder an. Auch sprachlich können Sie die Wirksamkeit Ihres Motivations-Spots erhöhen:

> ***Vision und Ziele dürfen keine negativen Aspekte umfassen, die zum Beispiel einem anderen Menschen zum Nachteil gereichen.***

Ein Beispiel aus dem beruflichem Umfeld: Das Ziel „Ich möchte meinen Konkurrenten um den vakanten Teamleiterposten vernichten“ ist keines, das sich mit Hilfe von Mentaltechniken verwirklichen lässt, weil es moralischen Ansprüchen nicht genügt. Durch das Ziel darf niemand verletzt werden.

Zudem sollte das Ziel im Präsens formuliert sein, es darf keine Absichtserklärung enthalten, sondern sollte den gewünschten Zustand als bereits erreicht beschreiben: „Ich habe als neuer Teamleiter gemeinsam mit meinen Mitarbeitenden Erfolg!" Hinzu kommt: Das Unterbewusste kann mit sprachlichen Verneinungen nichts anfangen, sodass Sie sie vermeiden sollten. Der Gedanke „Ich denke nicht daran, dass das wichtige Gespräch auch scheitern könnte" führt dazu, dass Sie ab sofort nur noch an misslungene Gespräche denken. Sie kennen das berühmte Beispiel, „jetzt auf keinen Fall an einen rosa Elefanten zu denken".

Impulsübung 17: Vermeiden Sie den Rosa-Elefanten-Effekt

- Formulieren Sie Aussagen so, dass Ihr Gehirn sie angemessen verarbeiten kann:
- Fokussieren Sie sich darauf, sich zielorientiert und (sprachlich) positiv auszudrücken. Stellen Sie das Ziel in den Mittelpunkt, das erreicht werden soll. Zu Ihrem Kind, das sich auf einem Klettergerüst befindet, sagen Sie nicht: „Fall da nicht runter!", sondern: „Halt dich gut fest!"
- Führen Sie ein „Notizbuch der zielorientierten Formulierungen", in dem Sie, bezogen auf Ihre Alltagsrealität, Aussagen notieren, die Sie beruflich und privat häufig verwenden.
- Vermeiden Sie das Wort „nicht" und andere Minuswörter, überlegen Sie sich Formulierungen mit Aufforderungscharakter.

Feelgood-Impuls 18: Entdecken Sie Ihre persönlichen Umsetzungstrigger

Die Formulierung Ihrer Lebensvision und Ihrer Ziele ist die eine Seite der Medaille, die konkrete Umsetzung die andere. Sie kommen besser ins Handeln, wenn Sie sich auf Handlungsziele und konkrete Aktivitäten fokussieren und einen Umsetzungstrigger festlegen. Dieser Umsetzungstrigger kann sprachlicher, visueller oder auditiver Natur sein. Beispiele für sprachliche Umsetzungstrigger sind Formulierungen wie „Just do it!" oder „1, 2, 3 – los!". Diese Formulierung verknüpfen Sie mit Aktivitäten, die Sie Ihren Zielen näher bringen, zum Beispiel: Sie müssen ein schwieriges Gespräch führen – im beruflichen Bereich ein komplexes Akquisitionsgespräch mit einem Kunden, im privaten Umfeld ein Gespräch mit einer Freundin, mit der Sie sich gestritten haben und wieder versöhnen wollen. Oder es geht um die Steuererklärung, die Sie seit Langem vor sich herschieben. Bringen Sie Ihren Denkapparat mit der positiv konnotierten und darum motivierenden Aufforderung „Just do it!" in Umsetzungsstimmung. Sprechen Sie Ihre persönliche Aufforderung laut aus, damit sowohl Ihr Bewusstsein als auch Ihr Unterbewusstsein wissen, dass jetzt etwas Erfreuliches und Positives geschieht.

Die visuelle Alternative für einen Umsetzungstrigger ist eine Collage oder ein Zukunftsbild, das Sie auf die Erreichung Ihres Ziels fokussiert, und die auditive Alternative ist ein Song, ein Musikstück, das Sie in einen umsetzungsorientierten und ressourcevollen Zustand versetzt. Sowohl Collage als auch Song speichern Sie am besten auf Ihrem Smartphone ab, um jederzeit vor herausfordernden Situationen darauf zurückgreifen zu können. Nutzen Sie die Playlist mit motivierenden Songs („Playlist of my Life") und das Fotoalbum „Best Moments of Life", die Sie im Rahmen der Übung für Feelgood-Impuls 4 angelegt haben.

Einen Vertrag mit sich selbst schließen

Ein naher Freund von mir hat als Umsetzungstrigger einen „Vertrag mit sich selbst" geschlossen. Nachdem seine Mutter an Lungen- und Schilddrüsenkrebs verstorben und die Krankheit mit einiger Wahrscheinlichkeit auf die zwei bis drei Schachteln Zigaretten zurückzuführen war, die sie jahrelang tagtäglich konsumiert hatte, kreierte er 2006 eine Vision von einem rauchfreien und selbstbestimmteren Leben. Denn auch er war Raucher, hatte immer wieder den vergeblichen Versuch gestartet, von den Glimmstängeln loszukommen, und fasste jetzt den unumstößlichen und starken Entschluss, endgültig mit dem Laster abzuschließen. „Als weitere Motivationspille habe ich einen Vertrag mit mir selbst geschlossen", berichtete er mir. „In dem Vertrag ist fixiert, wie ich die so gewonnene Zeit sinnvoll verwenden will – Hausaufgabenhilfe für die Töchter, Spaziergänge, Pausen – und dass ich mir von dem eingesparten Geld, das ich ein Jahr lang in einer Zigaretten-Sparbüchse sammle, etwas Besonderes kaufen werde."

Der zehn Punkte umfassende Vertrag, der bis heute gültig ist, beschreibt die Vorteile des Nichtrauchens – gesünderes und längeres Leben, materielle Vorteile, Vorbildwirkung für die Kinder, mehr Zufriedenheit und Ruhe und einiges mehr –, zudem verpflichtet sich jener Freund, bei Nichteinhaltung an vier Zeugen, die den Vertrag unterschrieben haben, eine nicht unbeträchtliche Summe zu zahlen. Und tatsächlich ist es ihm auf diese Weise bis heute gelungen, die Finger von den gefährlichen Sargnägeln zu lassen und sich das Rauchen abzugewöhnen.

„Entscheidend waren und sind der feste Wille sowie der unumstößliche Entschluss, aber auch der Vertrag, der noch heute in meinem Arbeitszimmer aushängt, leistet seinen Beitrag. Bis jetzt war es nicht nötig – aber wenn ich Gefahr liefe, rückfällig zu werden, soll ein Blick auf den Vertrag und seine sehr konkreten Bestimmungen mir helfen, bei der Stange zu bleiben und meine Vision von einem rauchfreien und selbstbestimmteren Leben zu verwirklichen."

Impulsübung 18: Finden Sie Ihren Umsetzungstrigger

Prüfen Sie, welcher Umsetzungstrigger bei Ihnen am wirksamsten ist. Probieren Sie die Varianten aus und entscheiden Sie – natürlich können Sie auch mehrere Optionen nutzen:

- Sprachlich. Legen Sie Ihre persönliche Umsetzungstrigger-Formulierung fest (etwa „Just do it!“).
- Visuell: Kreieren Sie eine motivierende Zielerreichungs-Collage, nutzen Sie Ihr Fotoalbum „Best Moments of Life“.
- Auditiv: Nutzen Sie Ihre „Playlist of my Life“.
- Vertrag: Schließen Sie bei Ihrem nächsten Zielvorhaben einen Vertrag mit sich selbst.

Wohlfühlstrategie 10: Sie bauen Ihre Fähigkeit zur permanenten Selbstreflexion auf

Lassen Sie mich bei der Wohlfühlstrategie etwas weiter ausholen: Kennen Sie den Mythos von Sisyphos? „Die Götter hatten Sisyphos dazu verurteilt, unablässig einen Felsblock den Berg hinaufzuwälzen, von dessen Gipfel der Stein von selbst wieder hinunterrollte. Sie hatten mit einiger Berechtigung bedacht, daß es keine fürchterlichere Strafe gibt als eine unnütze aussichtlose Arbeit.“ (Camus 1984, S. 98) Albert Camus fand 1942 mit Sisyphos, der ewig einen Stein den Berg hinaufbewegen muss, ein Bild für das Schicksal des modernen Menschen, der zur Freiheit verurteilt ist und – so interpretiere ich es – in einem lebenslänglich andauernden Selbstreflexionsprozess herausfinden muss, wer er ist. Wir sind ständig auf der Suche nach uns selbst, eine endgültige Antwort jedoch gibt es nicht.

So verhält es sich auch mit unseren Visionen und Zielen. Wir müssen immer wieder die anstrengende und schweißtreibende Arbeit auf uns nehmen, uns kritisch hinterfragen und die nächsten Schritten zur Zielerreichung festlegen. Dabei geht es oft zwei Schritte nach vorn und einen zurück. Entscheidend ist, diese Mühsal zu akzeptieren und auf sich zu nehmen. Bei Albert Camus heißt es, dass sich Sisyphos, während er sich nach dem Herabrollen des Felsblocks auf den Weg nach unten begibt, sich seines Schicksals bewusst wird und es annimmt: Er sagt Ja zu seinem Schicksal: „Wir müssen uns Sisyphos als einen glücklichen Menschen vorstellen.“ (Ebd., S. 101)

„Profile Your Life!“ setzt die Sisyphos-Arbeit der ständigen Selbstreflexion voraus. Gestatten Sie dazu einen kleinen philosophischen Ausflug: Im Mittelalter waren das menschliche Denken und Handeln strikt auf Gott ausgerichtet. In der Renaissance (15./16. Jahrhundert) und der Aufklärung (circa 1700) haben sich die Menschen vom mittelalterlichen Weltbild verabschiedet. In der Folge werden dem Menschen schwere Niederlagen zugefügt: Charles Darwin belegt, dass der Mensch ein Verwandter des Affen ist. Sigmund Freuds Theorie vom Ich, Über-Ich und Es kommt zu dem Ergebnis, der Mensch sei noch nicht einmal Chef im eigenen Haus, sondern vielmehr der

Gefangene seiner Triebe und Instinkte. Karl Marx zeigt unsere Abhängigkeit von ökonomisch-wirtschaftlichen Gegebenheiten. Die aktuellen Diskussionen um KI (künstliche Intelligenz) und ob die Maschinen die besseren Menschen seien, sind die Vorboten der nächsten Niederlage. Jetzt rücken die Fragen, wer der Mensch sei, wo er herkomme, wo er hingehe und was von ihm bleibe, in den Mittelpunkt des philosophischen Nachdenkens. Für den Menschen gilt die Aufforderung, die bereits über dem Apollotempel von Delphi geprangt haben soll: „Erkenne dich selbst“. Jene Fragen und die Aufforderung der Selbsterkenntnis sind unabschließbare. Wie Sisyphos müssen wir uns immer wieder aufs Neue mit ihnen beschäftigen und neue Antworten finden.

> ***Wir sind dazu verurteilt, uns selbst immer wieder infrage zu stellen und zu reflektieren, wer wir sind. Wobei die Antwort nur bis zur nächsten Selbstreflexionsschleife Bestand hat.***

Feelgood-Impuls 19: Führen Sie ein Selbstreflexions-Tagebuch

Nach dem Ausflug in philosophische Höhen soll es jetzt wieder um Handfesteres gehen: Im Selbstreflexionsprozess ist es zielführend, sich aus der Distanz zu betrachten und einzuschätzen, welche Schritte auf dem Weg zu einer Entscheidungsfindung oder einem Ziel zurückgelegt werden sollen. Wir kommen dann zu einem Ergebnis – aber kaum ist es gelungen, zum Beispiel in Worte fassen, wer und was wir sind, rollt der Stein wieder den Berg herab und der Selbstreflexionsprozess beginnt wieder von vorn. Um diesem Prozess Struktur und Konsequenz zu verleihen, ist es einmal mehr richtig, das Prinzip der Schriftlichkeit zu beachten.

Ich empfehle Ihnen, ein Selbstreflexions-Tagebuch zu führen und sich in regelmäßigen Abständen schriftlich mit sich selbst zu beschäftigen.

Auch nach besonderen Lebenseinschnitten ist es richtig, in die schriftliche Selbstbefragung zu gehen, etwa nach einer beruflichen Veränderung oder einer einschneidenden Entwicklung oder Entscheidung im privaten und persönlichen Bereich. Dabei sollten Sie sich gar nicht so sehr auf das Wort „Tagebuch" fokussieren – Sie müssen nicht zum Schriftsteller werden. Sie können auch die Notizfunktion Ihres Smartphones, ein Flipchart, eine Tafel oder ein Whiteboard oder was auch immer nutzen – wichtig und entscheidend ist, den Prozess schriftlich zu absolvieren.

Ebenso wichtig ist es, kontraproduktive Grübeleien zu vermeiden und konstruktiv vorzugehen. In meinen Trainings und Coachings fragen mich die Teilnehmerinnen und Teilnehmer oft, ob es spezifische Selbstreflexionsfragen gibt, sie also auf so etwas wie ein Frage-Raster zurückgreifen können, an dem sie sich orientieren können. Im persönlichen Coachinggespräch kann ich individuelle und auf den Gesprächspartner abgestimmte Tipps geben – hier möchte ich mich auf zehn elementare und ressourcenaktivierende Fragen beschränken, von denen ich weiß, dass sie so gut wie bei jeder Selbstreflexion von Bedeutung sind:

1. Wie ticke ich (privat, beruflich)?
2. Was motiviert mich?
3. Welche Werte sind mir wichtig?
4. Wofür brenne ich?
5. Welche Stärke habe ich, was zeichnet mich aus?
6. Wie gehe ich Probleme an, wie löse ich sie?

7. Womit und mit wem fühle ich mich wohl, was mache ich am liebsten?
8. Wofür bin ich dankbar?
9. Worauf bin ich so richtig stolz (warum bin ich stolz auf mich)?
10. Wie geht es mir derzeit?

Impulsübung 19: Legen Sie Ihr Selbstreflexionsvorgehen fest

- Entscheiden Sie unter Berücksichtigung des Prinzips der Schriftlichkeit, mit welchem Medium (Tagebuch, Notizfunktion, Flipchart ...) Sie in die Selbstreflexion gehen.
- Definieren Sie einen zeitlichen Rhythmus für Ihre Selbstreflexion.
- Legen Sie die für Sie wichtigen Selbstreflexionsfragen fest.
- Starten Sie – und prüfen Sie, ob es Verbesserungspotenzial bei dem gewählten Vorgehen gibt. Nehmen Sie gegebenenfalls entsprechende Anpassungen vor.

Feelgood-Impuls 20: Legen Sie Ihren Fokus auf die Handlungsziele

Eine Lebensvision und große Ziele formulieren, planvoll in die Umsetzung gelangen und ins Handeln kommen, das Erreichte reflektieren und Anpassungen vornehmen – so lassen sich die bisherigen Erläuterungen zum Glücksfeld „Ziele setzen und erreichen" zusammenfassen. Mehr noch als bei den anderen Feelgood-Impulsen ist Ihr handwerkliches und planerisches

Geschick gefragt. So ist es richtig, in kleinen Schritten vorzugehen, Ziele zu priorisieren und mit Teilzielen zu arbeiten sowie das Erreichte zu feiern, um immer wieder für Motivationsschübe zu sorgen – niemand kann Sie motivieren außer Sie selbst.

> ***Darum klopfen Sie sich ruhig auch einmal selbst auf die Schulter!***

Einen Aspekt möchte ich nach vorn stellen: Konzentrieren Sie sich auf die Handlungsziele! Ihren Umsetzungstrigger kennen Sie ja bereits. Selbstverständlich sind die Ergebnisziele gleichfalls von Relevanz, ich beobachte allerdings, dass es den meisten Menschen eher leicht fällt, ein Ergebnisziel festzulegen. Weitaus größere Probleme gibt es jedoch, den konkreten Weg dorthin zu beschreiben, also die Handlungen und Aktionen zu benennen, die zu dem gewünschten Ergebnis führen. Wenn eine Tennisspielerin das Ziel formuliert, im nächsten Jahr Wimbledon zu gewinnen, ist das relativ rasch gesagt. Welche Handlungen und Aktivitäten aber muss die Spielerin ausführen, damit der Turniersieg wahrscheinlicher wird? Sie muss zum Beispiel ihren zweiten Aufschlag perfektionieren und an der Ausdauer arbeiten, um lange Laufwege auf dem Platz zurücklegen und auch einmal ein Marathonmatch durchstehen zu können. Mithilfe eines Mentalcoachings muss sie an ihrem Selbstbewusstsein arbeiten. Und dann ist da noch ihre Wunderwaffe, die Topspin-Vorhand, die es zu optimieren gilt ... Ein umfangreiches Programm. Worauf ich hinaus will:

> ***Das Ergebnisziel, das Turnier zu gewinnen, ist rasch formuliert. Die sehr viel mühsamere Arbeit besteht darin, die Handlungsziele und die damit verknüpften Aktivitäten umzusetzen.***

Hilfreich dabei ist die Everest-Methode®, die von Jörg Pfützenreuter und Thomas Veitengruber für den Verhandlungsbereich entwickelt worden ist und die wir auf unser Thema beziehen wollen. In aller Kürze: Entscheidend ist, dass Sie sehr klar und deutlich, also mit Systematik und Struktur, Ihre Ziele formulieren und sich dann an den Gipfelaufstieg begeben, indem Sie sich eine entsprechende Strategie überlegen und daraus eine Taktik ableiten, wie Sie Ihr Gipfel-Ziel über die Erreichung mehrerer Teilzeile verwirklichen (Pfützenreuter, Veitengruber 2015).

Impulsübung 20: Geben Sie sich selbst einen Tritt, um in die Umsetzung zu gelangen

Ab heute gilt: Sobald Sie ein starkes Ziel formuliert haben,

- legen Sie stets drei Aktivitäten inklusive Zeitplan fest, die zur Zielerreichung beitragen.
- beantworten Sie die „Was wäre, wenn"-Frage: „Was wäre, wenn ich das Ziel erreiche?"
- visualisieren Sie ein Bild, das Sie nach der Erreichung des Ziels zeigt; Sie stellen sich also Ihren Zustand – das Niveau Ihres Wohlbefindens – vor, nachdem Sie das Ziel verwirklicht haben. Wie fühlen Sie sich jetzt? Nutzen Sie das motivierende Gefühl, das sich einstellt, um in die Umsetzung zu gelangen.

Das Glücksfeld „Sich um Leib und Seele kümmern (Gesundheit)“

Wohlbefinden und Glück sind von der körperlichen und mentalen Fitness und Gesundheit abhängig. Achtsamkeit gegenüber sich selbst und die Ausschöpfung aller Ressourcen, Stärken und

Potenziale mithilfe der Methoden und Techniken, die am besten zu Ihnen und Ihrem Lebensstil passen, bilden die Grundlage. Während die meisten Menschen überzeugt sind, dass zum Beispiel eine ausgewogene Ernährung, genügend Bewegung und Sport sowie ausreichend Schlaf durchaus zu den Dingen zählen, ohne die ein Wohlbefinden nur schwerlich möglich ist, sieht es bezüglich der Spiritualität oft anders aus. Viele Menschen sind nicht mehr daran gewöhnt, sich mit Fragen der seelischen Gesundheit und des spirituellen Glaubens zu beschäftigen. Die Frage nach dem Sinn des Lebens halten viele für naiv. Allerdings: Spiritualität ist ein menschliches Grundbedürfnis, und aus meiner Sicht sind Wohlbefinden und Glück nicht möglich ohne die Beschäftigung mit der Frage, ob es nicht etwas gibt, das größer und umfassender ist als wir selbst.

Wohlfühlstrategie 11: Sie leuchten die spirituelle Dimension Ihres Lebens aus

Ist Glück ein Seinszustand des Sich-eins-Fühlens mit dem Augenblick? Ein Moment höchsten Vergnügens? Eine tief empfundene Leidenschaft? Ein spiritueller Moment, in dem wir ein Teil von etwas sind, das größer ist als wir selbst? In dem schrecklich-schönen und lesenswerten Roman „Das mangelnde Licht" der georgisch-deutschen Schriftstellerin Nino Haratischwili heißt es: „Es gibt keinen Sinn, nirgends, in nichts. Man verleiht sich und den Dingen, die man tut, erst einen Sinn. Man verleiht demjenigen, den man liebt, einen Sinn." (Haratischwili 2022, S. 616)

Den Dingen und Menschen, die uns etwas bedeuten, einen Sinn verleihen, und Sinn zwischen den Menschen entstehen lassen – dahin gibt es mehrere Wege, zum Beispiel den eher kognitiv-rationalen und den eher emotionalen Weg. Für mich spielen beide Aspekte eine wesentliche Rolle bei dem Versuch, dem Dasein mehr abzugewinnen und dem Leben einen höheren Sinn zuzusprechen als das plane Vorhandensein auf diesem Planeten. Viele Menschen gelangen über den spirituellen Weg in den Flow, indem sie ihr Leben transzendieren und so das Gefühl etablieren, sich in etwas aufgehoben zu wähnen, das größer ist als sie selbst. Was dieses Größere ist, entscheidet jeder Mensch für sich selbst. Das kann der Glaube sein, oder auch die Kunst oder Literatur, das soziale Gefüge, in dem man lebt, oder die Schönheit an sich – es ist vielleicht eine unserer menschlichsten Fähigkeiten, etwas schön zu finden, auch wenn wir nicht explizit begründen können, warum das so ist. Einfach nur sagen können: „Das ist schön!" – wobei manche zu der Entscheidung gelangen, es gebe dieses Größere nicht. Und auch das ist eine gute Entscheidung.

> ***In einem spirituellen Moment glauben, ja wissen wir, dass etwas existiert, das größer und umfassender ist als wir selbst und unsere menschliche Existenz. Diese Momente sind sehr unterschiedlicher Natur, sie treten gewiss ein, wenn neues Leben das Licht dieser Welt erblickt. Oder auch, wenn geliebtes Leben diese Welt verlässt.***

Oft öffnen sich Menschen erst dann für die spirituelle Dimension, wenn sie mit einem schweren Schicksalsschlag konfrontiert werden, durch den die Grundlagen und Fundamente ihres Seins ins Wanken geraten. Andere wiederum beschreiten die spirituelle Ebene im Augenblick höchsten Glücks. Die Begegnung mit Spiritualität ist ambivalent und zwiegespalten wie das Leben selbst. Aber wenn ein Mensch sich erst einmal traut, spirituelle Gedanken zuzulassen, entwickelt sich Spiritualität rasch zu einem existenziellen Grundbedürfnis. Und dann sucht er nach Möglichkeiten, sich über die spirituelle Dimension mit anderen auszutauschen, um dieses Grundbedürfnis zu stillen.

Feelgood-Impuls 21: Reflektieren Sie Ihre individuellen Sinnfragen im Austausch mit anderen

Sinnfragen stellen, sich mit dem Sinn des Lebens beschäftigen, auch wenn dieser Sinn nicht immer einsichtig zu sein scheint, gerade in schwierigen Umbruchzeiten, in denen von einer ungeheuerlichen Zeitenwende die Rede ist: Wir können und sollten die Sinnfragen stellen und immer wieder nach Antworten suchen. Ich habe für mich meinen individuellen und eigenen Weg gefunden, Sinnfragen zu stellen und zu diskutieren.

Mit Philippe die Perspektive wechseln und weiten

Oktober 2021, Nizza, einmal mehr sitze ich mit Philippe, meinem Sprachlehrer, der mich dabei unterstützt, die französische Sprache zu erlernen, an der Côte d'Azur. Wir genießen den wundervollen Blick aufs Meer. Im Mittelpunkt unserer Gespräche steht nicht allein die französische Sprache, die mir helfen soll, ab 2026 die Hälfte meiner Lebenszeit in Frankreich zu verbringen – Sie erinnern sich an meine Vision und mein Wunschleben, ab 2026 zwischen Berlin und Nizza zu pendeln und an diesen zwei Lebensmittelpunkten Menschen zu helfen, aufzublühen. Mit Philippe tausche ich mich auch zu den Sinnfragen unseres Lebens, meines Lebens aus, denn Philippe ist nicht allein Sprachlehrer, sondern darüber hinaus Philosoph, der sich mit der Positiven Psychologie exzellent auskennt.

Ich genieße diese Gespräche jenseits des Hamsterrades der hektischen, meistens auch stressigen Herausforderungen des Alltags. In aller Ruhe und Muße gelingt es Philippe und mir, über den Tellerrand des Alltagsgeschäfts hinauszublicken, die Perspektive zu wechseln und zu weiten und uns mit Fragen auseinanderzusetzen und zu beschäftigen, die sich auf der spirituellen Ebene bewegen: Wo kommen wir her? Was sind wir, was ist der Mensch? Wohin bewegen wir uns? Was können wir wissen? Was sollen wir tun? Was dürfen wir hoffen? Was sehen wir als unsere wichtigste Aufgabe im Leben an? Und die Fragen aller Fragen: Was kommt danach?

Vielleicht erkennen Sie in diesen Fragen unter anderem die vier Grundfragen der Philosophie wieder, die Immanuel Kant gestellt hat. Ich erlebe die profunden Gespräche und den lebendigen Austausch mit Philippe jedes Mal als Bereicherung. Es ist für mich zielführend, sich mit spirituellen Fragen nicht im stillen Kämmerlein zu beschäftigen, sondern dies im konstruktiven Dialog mit einem Sparringspartner zu tun. Dass ich diesen „spirituellen Sparringspartner" in meinem Französischlehrer finden würde, ist dem Zufall geschuldet, denn ursprünglich ging es mir „nur" um den Spracherwerb – der philosophisch-psychologische Austausch kam später hinzu. Aber manchmal besteht die Kunst darin, die zufälligen Gelegenheiten, die uns das Leben bietet, entschlossen beim Schopf zu packen und zu nutzen. Und so haben Philippe und ich unsere zufällige „philosophische" Begegnung zu einem Standard, zu einer Gewohnheit entwickelt und es zu unserem Ritual gemacht, den Sprachunterricht mit philosophischen Diskursen zu verknüpfen.

Impulsübung 21: Suchen Sie sich einen philosophischen Sparringspartner

- Prüfen Sie, mit wem Sie in den kognitiv-rationalen Austausch gehen wollen.
- Gibt es in Ihrem privat-persönlichen Umfeld oder im beruflichen Kontext einen Menschen – oder mehrere Menschen –, der sich zum philosophischen Sparringspartner eignet?
- Welches Gesprächsformat können Sie nutzen, um sich regelmäßig mit dem Sparringspartner auszutauschen?

Feelgood-Impuls 22: Zwischen Zauberberg und Jakobsweg – durchdringen Sie das Universum mit Ihren Gedanken

Meine Faszination für Thomas Manns „Zauberberg" kennen Sie bereits. Neben dem „Schnee"-Kapitel liebe ich den „Strandspaziergang" (Mann 1982, S. 570-577). Wie Thomas Mann es beschreibt, fühle auch ich mich beim „Spaziergang am Meeresstrande" wie in einer anderen Welt, wenn ich am Meer stehe und in der Aufgehobenheit von Zeit und Raum und der „Verwischung der zeitlich-räumlichen Distanzen" (ebd., S. 575) die Unendlichkeit spüre und erlebe – ein Gefühl, das durch die ewig und unablässig hin und her wogenden Wellen entsteht und nie vergehen will. Mit offenem Mund und einem kindlichen Staunen verliere ich mich in dem Anblick dieses „zeitlose(n) Immer und Ewig" (ebd., S. 574) und betrachte mit Ehrfurcht dieses Wogen, das bereits lange vor mir da war und auch noch lange nach mir da sein wird, wenn ich längst nicht mehr bin, sodass sich in mir ein tröstlicher Gedanke formt:

Nach meinem Ableben wird meine Asche in Nizza in der Côte d'Azur verstreut, ich werde dann ein Teil des göttlichen Ganzen sein, und meine Töchter können mich in jedem Regentropfen finden.

Das Eins-Sein mit dem Universum ist mir so gut wie ausschließlich am Meer und beim Anblick der wogenden Wellen möglich. Andere Menschen benötigen dazu andere Umgebungen, Umstände, Rahmenbedingungen, Stimulanzien und Inspirationen. Hape Kerkeling beschreibt in seinem Buch „Ich bin dann mal weg" die Suche nach sich selbst, den Weg zu sich selbst sowie die Beschäftigung mit seinem Glauben als emotionale Erlebnisse einer Pilgerreise, die ihn 2001 auf den Jakobsweg nach Santiago de Compostela führte. Mich selbst langweilen die Berge, es wäre mir niemals möglich, dort in der Höhe auch nur annäherungsweise das zu empfinden, was zu empfinden mir am Strand in Meeresnähe gegeben ist. Aber ob nun ozeanisches Gefühl durch den Spaziergang am Meeresstrande oder bergiges Gefühl durch die Pilgerreise in den Pyrenäen: Entscheidend ist, den Ort zu finden, wo Ihnen das kindliche Staunen und die ehrfürchtige Durchdringung des Universums möglich sind.

Impulsübung 22: Finden Sie Ihr individuelles „ozeanisches" Gefühl

Nachdem Sie Ihren kognitiv-rationalen Sparringspartner definiert haben, finden Sie nun den emotionalen Weg zu Ihrer Spiritualität:

- Sind Sie eher der ozeanische oder der bergige Typ? Wo befindet sich der Ort, an dem es Ihnen gegeben

und möglich ist, das Universum mit Ihren Gedanken zu durchdringen und zu bereichern?
- Was bringt Sie zum Staunen?
- Was weckt in Ihnen das Gefühl der Ehrfurcht?

Wohlfühlstrategie 12: Sie erkennen und stärken Ihre Widerstandskräfte

Der Mensch lebt nicht von der Spiritualität allein, darum ist es klug, wenn Sie sich nicht nur um Ihre Seele, sondern auch um Ihren Leib kümmern. Ergänzen Sie die spirituelle Dimension um die physische. Was ich damit auf keinen Fall ansprechen und thematisieren will, ist die unselige und zuweilen krankmachende Forderung nach der permanenten Selbstoptimierung, die nicht immer, aber doch allzu oft darauf abhebt, ein Ideal zu erfüllen, das von außen an uns herangetragen wird. Häufig geht es darum, fremden Erwartungen zu entsprechen und sich einer Norm anzupassen, die auf eine äußere und sexuelle Attraktivität abhebt, die nichts oder nur wenig mit unseren wirklichen Bedürfnissen und Wünschen zu tun hat, sondern uns aufgezwungen wird. Darum sei nochmals betont:

> ***Im Zentrum stehen stets Ihr Wohlbefinden und Ihre subjektive Einschätzung, was Ihnen guttut, und das Wissen, unter welchen Umständen Sie sich wohl in Ihrer Haut fühlen.***

Befreien Sie sich von äußeren Einflüsterungen und Zwängen. Besser ist es, Sie stellen fest, welche Widerstandskräfte Sie stärken sollten, um Ihre Resilienz zu verbessern. Damit sind die in Ihnen angelegten Ressourcen gemeint, die Ihnen helfen, prekäre Situationen und komplexe Herausforderungen mithilfe Ihrer inneren Widerstandskraft zu meistern. Wenn ein Langstreckenläufer am Ende seiner Kräfte ist, kann es etwa eine Vision, die Erinnerung an ein schönes Kindheitserlebnis oder der tiefe Glaube an sich selbst sein, der ihn dabei unterstützt, das Rennen erfolgreich zu beenden. Dazu visualisiert er ein Bild zu seiner Energietankstelle und verbindet diese mit positiven Emotionen. So gelingt es ihm, die Ziellinie zu überschreiten. Hilfreich sind die sieben Resilienzsäulen, deren Beschreibung auf die Erkenntnisse von Micheline Rampe zurückgehen. Gemeint sind die Säulen Optimismus, Akzeptanz, Leistungsorientierung, Abschied von der Opferrolle beziehungsweise das Heft des Handelns wieder in die Hände nehmen, Verantwortungsübernahme, Netzwerken und Zukunftsorientierung (Rampe 2005).

Marco von Münchhausen unterscheidet zwischen persönlichen und umweltbedingten Resilienzfaktoren. Resiliente Menschen verfügen auf der Seite der persönlichen Faktoren zum Beispiel über eine optimistische Grundeinstellung, sie nehmen die Dinge so, wie sie sind, und sind in der Lage, ihre Emotionen zu beherrschen und zu steuern. Zudem haben sie eine ausgeprägte Problemlösungskompetenz und sind davon überzeugt, Einfluss nehmen zu können – ihre Selbstwirksamkeitserwartung ist hoch.

Auf der Umweltseite ist der Rückhalt aus der Familie und von Freunden ein wichtiger Faktor, am Arbeitsplatz spielt die Unterstützung durch Kollegen und Führungskräfte eine Rolle. Auch die finanzielle Sicherheit und die Tatsache, einer sinnerfüllenden und sinnstiftenden Arbeit nachzugehen, trägt zur Resilienz bei (von Münchhausen 2017, S. 106-135).

Ihre Aufgabe besteht darin, Ihren Ausprägungsgrad der Resilienzfaktoren zu analysieren, um bei schwacher Ausprägung mithilfe von Training und Weiterbildung und den folgenden Impulsen nachzujustieren.

Feelgood-Impuls 23: Tragen Sie zur Gesunderhaltung bei sich und anderen Menschen bei, aber ohne in einen Leistungswettbewerb einzutreten

Ich war und bin schon immer ein begeisterter Saunagänger gewesen. In früheren Zeiten diente mir das Saunieren vor allem dazu, meinen Körper fit und attraktiv zu erhalten. Mittlerweile haben sich meine Ansprüche an die Saunabesuche erheblich gewandelt. Der Saunaaufenthalt unterstützt mich dabei, mich schlicht und einfach wohlzufühlen, meinen Körper und mich zu spüren, etwas zu tun, was mir gut tut, und zwar nicht nur dem Leib, sondern auch der Seele. Gesunderhaltung ja, aber ohne Leistungswettbewerb, das ist mein Motto heute. Hinzu kommt: Nicht nur in der Badewanne, auch in der Sauna habe ich schon so manchen Heureka-Moment erlebt und kreative Einfälle gehabt. Mein Wunsch ist, mit mir selbst in den kommunikativen Austausch zu kommen, aber auch mit anderen Menschen. Denn nach dem Saunagang belohne ich mich oft genug mit einem alkoholfreien Weizenbier und einem leckeren Stück Kuchen – dabei komme ich rasch mit anderen Saunafans ins Gespräch. Bier und Kuchen – das ist der körperlichen Attraktivität freilich nicht immer förderlich, erhöht jedoch mein Wohlbefinden enorm. Es geht mir nicht um die Steigerung irgendeines Attraktivitätsgrades oder um die Erhöhung meiner Leistungsfähigkeit – vielmehr soll die Aktivität mein Wohlbefinden steigern. Aber natürlich spricht nichts dagegen, wenn ich auf diese Weise auch einen Beitrag zu meiner Gesunderhaltung und

Fitness leiste. Wir können das eine tun, ohne das andere zu lassen.

• **Stopp, Herr Vogelhuber! Ich habe dazu einen Einwand!**
Ich gehe sehr oft ins Fitnessstudio. Dort sehe ich viele Fitnessbegeisterte, die dem Gott der Selbstoptimierung huldigen und ihren Körper bis zum Exzess quälen. Wenn ich denen mit Ihrer Wohlfühleinstellung komme, lachen die mich aus. Was sagen Sie solchen Menschen?

: **Oliver Vogelhuber:** Wenn Sie diese Menschen fragen, warum sie ihren Körper quälen, werden Sie wahrscheinlich auf Unverständnis stoßen. Denn sie haben sich wahrscheinlich frei dazu entschieden, ihren Körper derart zu stählen. Ob Meditation, Entspannung, Triathlon, Yoga, Krafttraining oder was auch immer: Jeder Mensch entscheidet selbst, wann und wo er sich mit seinem Körper und sich selbst wohlfühlt. Das gilt übrigens auch für Schönheitsoperationen. Ich muss diese Überzeugungen nicht teilen, aber solange die Entscheidung auf Freiwilligkeit beruht, ist nichts dagegen einzuwenden.

• Gibt es denn keine Grenzen?

: **Oliver Vogelhuber:** Doch, aber auf einer anderen Ebene, als Sie es wohl erwarten. Die Aktivitäten zur Gesunderhaltung und Fitness sollten sozialverträglich ausgestaltet sein, dürfen also nicht anderen Menschen zum Nachteil gereichen.

• Das müssen Sie näher ausführen.

: **Oliver Vogelhuber:** Gern. Ich biete auch Partnerseminare an und dabei bin ich einem Paar begegnet, bei dem er ein begeisterter Selbstoptimierer ist. Das hatte stundenlange exzessive Aufenthalte im Fitnessstudio zur Folge, und zwar so gut wie jeden Tag. Der Mann war also ständig abwesend. Seine Partnerin lehnte das kategorisch ab, die Situation zog erhebliche Probleme in der Partnerschaft nach sich. Die männliche Selbst- und Leistungsoptimierung war sozial mit den Erwartungen und Bedürfnissen der Partnerin nicht kompatibel.

• Wie ging die Sache aus?

: **Oliver Vogelhuber**: Wir haben einen Kompromiss formuliert. Drei Stunden im Fitnessstudio sind vollkommen in Ordnung. Aber dann muss noch Zeit bleiben für (zum Beispiel) den gemeinsamen Spaziergang mit dem Hund und für das Gespräch miteinander.

Impulsübung 23: Bringen Sie wieder mehr Bewegung in Ihr Leben

- Legen Sie fest, welche körperlichen Aktivitäten Ihnen helfen, sich besser mit und in Ihrem Körper zu fühlen. Konkret: Welche Aktivitäten tragen zu Ihrem Rundum-Wohlbefinden bei?
- Zelebrieren Sie diese Aktivitäten, entwickeln Sie eine Gewohnheit und ein Ritual daraus, sodass Sie sie regelmäßig und kontinuierlich durchführen.

Feelgood-Impuls 24: Stärken Sie Ihre Stärken und behalten Sie Ihre Schwächen im Griff

Viele Coaches und Trainerkolleginnen und -kollegen sind der Meinung, es sei vor allem wichtig, an den Stärken zu arbeiten und dabei bereit zu sein, die Komfortzone zu verlassen und die Lern- und Wachstumszone zu betreten.

Um nicht missverstanden zu werden: Wenn Sie in den Flow-Zustand gelangen wollen, ist es empfehlenswert, dies im Rahmen Ihrer Komfortzone zu versuchen (siehe dazu Feelgood-Impuls 13), aber bei dem Ziel, die Stärken zu stärken und zu optimieren, ist es ratsam und erforderlich, über sich selbst hinauszuwachsen.

„Aalangeln bei Nacht": Vom Stuhlkreis auf die große Bühne

Ich bin es gewohnt, vor Hunderten von Menschen auf der Bühne zu reden, und viele Beobachter, Zuhörer und Teilnehmer versichern mir, ich verstünde es, Menschen mithilfe meiner Sprachbilder, Wortspiele und Geschichten in freier Rede zu überzeugen, zu begeistern und mitzureißen. Aber das war nicht immer so, und wer mir vor über 30 Jahren prophezeit hätte, ich würde ein großes Publikum kommunikativ und rhetorisch überzeugen, wäre nicht auf meine Zustimmung gestoßen. Allerdings: Schon im zarten Kindesalter, in der Schule und als Jugendlicher war ich so etwas wie der Klassenclown und Alleinunterhalter. Als ich dann später, bereits erwachsen, im Rahmen einer rhetorischen Weiterbildung in den Stuhlkreis treten und eine freie Rede zu dem exotischen Thema „Aalangeln bei Nacht" halten musste, hatte ich doch ganz schön Lampenfieber und Bammel davor. Als ich jedoch erst einmal im Stuhlkreis in der Mitte stand und einfach loslegte, waren Lampenfieber und Angst verflogen, und ich wurde als rhetorisches Naturtalent entdeckt und gefeiert. Seitdem habe ich diese Stärke kontinuierlich weiterentwickelt und als eine meiner, wenn nicht als die wichtigste berufliche Kernkompetenz etabliert. Heute können es gar nicht genug Zuschauerinnen und Zuschauer, Zuhörerinnen und Zuhörer sein, vor denen ich stehen will, um sie beim Aufblühen zu unterstützen.

Wenn Menschen zu mir in die Coachings und Trainings kommen und mich fragen, was sie tun sollen und können, um sich weiterzuentwickeln, gebe ich ihnen als zentrale Empfehlung mit auf den Weg, zunächst einmal ihre eigentlichen Stärken, Talente und Begabungen zu erkennen. Mein zweiter Tipp ist, aus einem VW Käfer keinen Mercedes machen zu wollen. Soll heißen:

> ***Ein gewisses Fundament muss vorhanden, ein Talent sollte die Grundlage für die Weiterentwicklung sein, es sollte eine Begabung vorliegen, an die sich anknüpfen lässt.***

Die Behauptung, jeder könne sich zum Beispiel zu einem überzeugenden Redner und Speaker entwickeln, ist kontraproduktiv und schlichtweg falsch. Es genügt nicht, etwas lediglich zu wollen, und es ist geradezu schändlich und zumindest schädlich, einem introvertierten Menschen einzureden, auch er könne sich zu einem exzellenten Redner entwickeln. Denn dies führt nicht immer, aber in den meisten Fällen zur Selbstquälerei. Und das lehne ich strikt ab. Besser ist es, gemeinsam mit diesem introvertierten Menschen auf die Suche nach seiner individuellen Stärke zu gehen und diese auszubauen und zu optimieren.

Impulsübung 24: Richten Sie den Fokus auf Ihre Stärken

- Gehen Sie in die Selbstreflexion, befragen Sie dazu Menschen aus Ihrem beruflichen und privaten Umfeld, denen Sie vertrauen: Was sind Ihre größten Stärken, was ist Ihre dominante Stärke?
- „Charakterstärke trainieren macht glücklich“, so Willibald Ruch, Professor für Psychologie vom Lehrstuhl für Persönlichkeitspsychologie und Diagnostik der Universität Zürich (Beat Müller Kommunikation 2012). Überlegen Sie bereits jetzt, welche Ihre dominanten Charaktereigenschaften sind, um sie zu schärfen.

Übrigens: In Kapitel 5 werden wir uns intensiv mit der Frage beschäftigen, welche Charakterstärken bei Ihnen relevant sind. Sie erfahren dann, wie Sie Ihren Charakterstärken auf die Spur kommen, und erhalten Hinweise, wie Sie sie optimieren und Ihr Stärkenmanagement mit einem Wachstumsmanagement kombinieren.

Kapitelfazit

- Das umfangreiche dritte Kapitel begleitet Sie Ihr Leben lang. Nehmen Sie sich immer wieder einzelne Glücksfelder, Wohlfühlstrategien und Feelgood-Impulse vor, um das Niveau Ihres Wohlbefindens und Glücksempfindens zu halten oder zu optimieren.
- Nutzen Sie das dritte Kapitel, um aus all den Impulsen Ihren individuellen und persönlichen Weg zum Wohlbefinden zusammenzustellen.
- Es gibt eine Alternative: In Kapitel 4 finden Sie einen Test, mit dem sich analysieren lässt, welche der 24 Feelgood-Impulse auf dem Weg zum Wohlbefinden besonders gut für Sie geeignet sind, weil sie punktgenau zu Ihrer Persönlichkeit und zu Ihnen passen.

KAPITEL 4

Sich selbst zum Aufblühen bringen – erstellen Sie Ihr persönliches Entwicklungsprogramm

Was hat Ihnen dieses Kapitel zu bieten?

- Ein Test hilft Ihnen festzustellen, welche der Wohlfühlstrategien und Feelgood-Impulse aus Kapitel 3 besonders gut für Sie geeignet sind, einen essenziellen Beitrag zur Stabilisierung oder gar Steigerung Ihres Wohlbefindens und Glücks zu leisten.
- Sie entwickeln sich zum Regisseur Ihres Lebens und tragen Sorge dafür, aufzublühen.

Der Test: Erarbeiten Sie Ihren individuellen Fahrplan zu Ihrem Wohlbefinden

In Kapitel 3 haben Sie zahlreiche Strategien und Tipps kennengelernt, die Sie dabei unterstützen, Ihr Wohlbefinden zu optimieren. Selbstverständlich können Sie eigenständig festlegen, welche der Impulse und Strategien Sie in welcher Reihenfolge umsetzen möchten. So können Sie sich einen eigenen Umsetzungsfahrplan erstellen und mithilfe des Oxford Happiness Questionnaires in Kapitel 2 das aktuelle Niveau Ihres Wohlbefindens analysieren, um dann wiederum neue Impulse für Ihre Weiterentwicklung zu nutzen. Sie wissen ja: Ihr Ziel besteht darin, einen kontinuierlichen Verbesserungsprozess in Gang zu setzen.

!

Kapitel 4 bietet Ihnen eine Alternative: einen Test, mit dem Sie herausfinden, welche der Wohlfühlstrategien und Feelgood-Impulse besonders gut geeignet sind, dieses Ziel zu erreichen.

Der Test basiert auf Erkenntnissen von Kennon (Ken) M. Sheldon, der als einer der „Väter“ der Positiven Psychologie gilt. Auf der Webseite „MentorCoach“ heißt es zu dem Psychologie-Professor: „Ken Sheldon was present at the 1999 conference where positive psychology emerged as a new direction. (...) His primary research interests and publications fall within the realm of positive psychology: goals, motivation, and psychological well-being.” (MentorCoach 2022) Also: „Ken Sheldon war 1999 bei der Konferenz anwesend, auf der die Positive Psychologie als neue Richtung auftauchte. (...) Seine primären Forschungsinteressen und Veröffentlichungen fallen in den Bereich der Positiven Psychologie: Ziele, Motivation und psychisches Wohlbefinden.“ Sheldons Zusammenarbeit mit Sonja Lyubomirsky, wie sich Glück steigern lässt, haben laut „MentorCoach“ zur Entstehung eines Glücks-Modells beigetragen. Demnach kann das Glücksniveau am besten durch bestimmte Maßnahmen beibehalten werden, die auf die Individualität eines Menschen zugeschnitten sind.

Der folgende Test basiert auf den Erkenntnissen Ken Sheldons und Sonja Lyubomirskys (siehe Lyubomirsky 2018, S. 82-86), die ich mit meinen Vogelhuber-spezifischen Wohlfühlstrategien Feelgood-Impulsen kombiniert habe. Aus der Auswertung des Tests geht hervor, welche meiner Strategien und Impulse Sie primär nutzen sollten, um das Niveau Ihres Wohlbefindens zu halten oder zu steigern und um Ihr persönliches Aufblühen zu ermöglichen.

Sherlock Holmes hat die kniffligsten Fälle mit Bravour gelöst. Im Vergleich zu Arthur Conan Doyles berühmten Detektiv ist die Aufgabe, die jetzt vor Ihnen liegt, relativ leicht zu lösen. Im Mittelpunkt stehen zwölf Aussagen, die Sie mit den fünf Begriffen „Natur“, „Freude“, „Wert“, „Schuld“ und „Situation“ in einen Zusammenhang bringen, um sie auf einer siebenstufigen Bewertungsskala einzuordnen, wobei

- die „1“ für „trifft nicht zu“,
- die „4“ für „trifft halbwegs zu“ und
- die „7“ für „trifft vollkommen zu“ steht.

1	2	3	4	5	6	7
trifft nicht zu			trifft irgendwie zu			trifft voll zu

Was ist mit den fünf oben genannten Begriffen gemeint? Ich lehne mich an Sonja Lyubomirsky (Lyubomirsky 2018, S. 82-83) an und beschreibe die Begriffe wie folgt:

- **Natur:** Ich folge dieser Aussage, weil sie „meiner Natur entspricht“. Ich kann sie „mit Energie und Ausdauer“ beherzigen.
- **Freude:** Ich folge dieser Aussage, weil sie „mir Freude bereitet“. Sie erscheint mir „dauerhaft interessant und anspruchsvoll“.
- **Wert:** Ich folge dieser Aussage, weil sie mir „wertvoll erscheint“ und ich mich mit ihr „identifiziere“. Ich beherzige sie, auch wenn es „nicht immer Spaß macht“.
- **Schuld:** Ich folge dieser Aussage, „weil es mir peinlich wäre oder ich mich schuldig oder unsicher fühlen würde“, wenn ich sie nicht berücksichtigen würde.
- **Situation:** Ich folge dieser Aussage, „weil man es von mir erwartet oder weil mich die Umstände dazu zwingen“.

Und jetzt beginnt der Test: Entscheiden Sie, ob und warum Sie den Aussagen folgen wollen und beziehen Sie sie dabei auf jene fünf Gründe und die siebenstufige Bewertungsskala. Entscheiden Sie bei jeder der zwölf Aussagen, ob sie auf Sie zutrifft oder ob Sie sich vorstellen können, sich mit den dort angegeben Inhalten zu beschäftigen. Tragen Sie bei jeder Aussage Ihre Bewertung „1“ bis „7“ ein.

Aussage 1: Das Zusammensein mit anderen pflege und schätze ich. Ich überlege mir regelmäßig, wie ich die Bindungen zu anderen Menschen ausbauen kann.

☐	☐	☐	☐	☐
Natur	Freude	Wert	Schuld	Situation

Aussage 2: Ich plane mein Leben genau, komme rasch in die Umsetzung und freue mich, wenn ich ein Ziel erreicht habe.

☐	☐	☐	☐	☐
Natur	Freude	Wert	Schuld	Situation

Aussage 3: Auch in Krisenzeiten und belastenden Momenten behalte ich die Übersicht und einen kühlen Kopf.

☐	☐	☐	☐	☐
Natur	Freude	Wert	Schuld	Situation

Aussage 4: Sportliche Aktivitäten, Entspannung und Meditation sind feste Bestandteile meines Lebens.

☐	☐	☐	☐	☐
Natur	Freude	Wert	Schuld	Situation

Aussage 5: Ich führe ein Tagebuch und überlege mir, wie ich vielen Menschen regelmäßig meine Dankbarkeit zeigen kann.

☐ Natur ☐ Freude ☐ Wert ☐ Schuld ☐ Situation

Aussage 6: Ich kann mich in eine Tätigkeit so vertiefen, dass ich dabei alles um mich herum vergesse.

☐ Natur ☐ Freude ☐ Wert ☐ Schuld ☐ Situation

Aussage 7: In herausfordernden Zeiten bleibe ich optimistisch und vergleiche mich nicht mit anderen Menschen.

☐ Natur ☐ Freude ☐ Wert ☐ Schuld ☐ Situation

Aussage 8: Ich beschäftige mich mit Religion oder spirituellen Themen und frage nach dem Sinn des Lebens.

☐ Natur ☐ Freude ☐ Wert ☐ Schuld ☐ Situation

Aussage 9: Es gibt immer wieder Momente, in denen ich an meine Lebensvision in der Zukunft denke.

☐ Natur ☐ Freude ☐ Wert ☐ Schuld ☐ Situation

Aussage 10: Ich lebe so, wie ich es möchte, gestalte mein Wunschleben und ändere vor allem das, was ich selbst beeinflussen kann.

☐ Natur ☐ Freude ☐ Wert ☐ Schuld ☐ Situation

Aussage 11: Ich suche nach Möglichkeiten in meinem Leben, meine Freundlichkeit zu zeigen und anderen Menschen einen Gefallen zu tun, um Licht in die Welt zu bringen.

☐ Natur ☐ Freude ☐ Wert ☐ Schuld ☐ Situation

Aussage 12: Ich nehme die Schönheit und Harmonie um mich herum wahr und weiß, dass ich von anderen Menschen geliebt werde.

☐ Natur ☐ Freude ☐ Wert ☐ Schuld ☐ Situation

Die Auswertung

Nehmen Sie nun die Auswertung des Tests vor:

- Zählen Sie zunächst einmal für jede der zwölf Aussagen Ihre persönlichen Werte für die Begriffe „Natur“, „Freude“ und „Wert“ zusammen.
- Teilen Sie das Ergebnis durch 3.

- Danach errechnen Sie das Ergebnis für die Begriffe „Schuld“ und „Situation“.
- Teilen Sie dieses Ergebnis durch 2.
- Schließlich subtrahieren Sie die zweite Summe („Schuld“ und „Situation“) von der ersten („Natur“, „Freude“ und „Wert“).
- Übertragen Sie die Ergebnisse in die folgende Tabelle:

	$\frac{\text{Natur + Freude + Wert}}{3}$	–	$\frac{\text{Schuld + Situation}}{2}$	
1		–		=
2		–		=
3		–		=
4		–		=
5		–		=
6		–		=
7		–		=
8		–		=
9		–		=
10		–		=
11		–		=
12		–		=

Jetzt kommt der große Augenblick: Notieren Sie die vier Aussagen, die in Ihrer persönlichen Bewertung die höchsten Werte erzielt haben:

Meine vier Aussagen mit den höchsten Werten
1.
2.
3.
4.

Jede dieser vier Aussagen steht mit den jeweiligen sechs Glücksfeldern, zwölf Wohlfühlstrategien und 24 Feelgood-Impulsen, die Sie im dritten Kapitel kennengelernt haben, in einem Zusammenhang. Sie zeigen an, mit welchen Glücksfeldern, Strategien und Impulsen Sie sich ganz besonders beschäftigen sollten.
Meine Empfehlung ist:

- Wenn bei Ihnen die Aussage 5 oder die Aussage 7 zu den Aussagen mit den vier höchsten Werten gehört, beschäftigen Sie sich vor allem mit dem Glücksfeld „Dankbarkeit und Optimismus", den Wohlfühlstrategien 1 und 2 und den Feelgood-Impulsen 1 bis 4.
  Lesen Sie also die Seiten 51–65.
- Wenn die Aussage 1 oder die Aussage 11 zu den Aussagen mit den vier höchsten Werten gehört, beschäftigen Sie sich vor allem mit dem Glücksfeld „Soziale Beziehungen", den Wohlfühlstrategien 3 und 4 sowie den Feelgood-Impulsen 5 bis 8.
  Lesen Sie die Seiten 66–78.
- Wenn die Aussage 3 oder die Aussage 10 zu den Aussagen mit den vier höchsten Werten gehört, beschäftigen Sie sich vor allem mit dem Glücksfeld „Stressbewältigung", den

Wohlfühlstrategien 5 und 6 und den Feelgood-Impulsen 9 bis 12.
Lesen Sie die Seiten 79–95.

- Wenn die Aussage 6 oder die Aussage 12 zu den Aussagen mit den vier höchsten Werten gehört, beschäftigen Sie sich vor allem mit dem Glücksfeld „Das Leben genießen und Flow-Erlebnisse herbeiführen“, den Wohlfühlstrategien 7 und 8 sowie den Feelgood-Impulsen 13 bis 16.
Lesen Sie die Seite 96–109.

- Wenn die Aussage 9 oder die Aussagen 2 zu den Aussagen mit den vier höchsten Werten gehört, beschäftigen Sie sich vor allem mit dem Glücksfeld „Ziele setzen und erreichen“, den Wohlfühlstrategien 9 und 10 und den Feelgood-Impulsen 17 bis 20.
Lesen Sie die Seiten 110–123.

- Wenn die Aussage 8 oder die Aussage 4 zu den Aussagen mit den vier höchsten Werten gehört, beschäftigen Sie sich vor allem mit dem Glücksfeld „Sich um Leib und Seele kümmern (Gesundheit)“, den Wohlfühlstrategien 11 und 12 sowie den Feelgood-Impulsen 21 bis 24.
Lesen Sie die Seiten 124–138.

Manchmal ist weniger mehr!

Wer das Niveau des persönlichen Wohlbefindens und Glücksempfindens nachhaltig stabilisieren und steigern möchte, ist darauf angewiesen, die Maßnahmen umzusetzen und die Aktivitäten zu ergreifen, die möglichst punktgenau zu der Persönlichkeit und den eigenen

Interessen passen. Eine meiner Seminarteilnehmerinnen – sie kommt aus Oberbayern, hier möchte ich sie Marie nennen – war lange Zeit felsenfest davon überzeugt, sie müsse ihren Körper bis zur Schmerzgrenze trainieren, um sich wohlzufühlen. „Sport, Sport, Sport", so ihre Überzeugung, die sie sich allerdings nicht selbst erarbeitet, sondern von ihrem Umfeld hatte suggerieren lassen. Der in unserer Gesellschaft um sich greifende Selbstoptimierungswahn trug das Seine dazu bei. Die Folgen waren fatal und reichten bis zur totalen Erschöpfung und einer sich anbahnenden Essstörung. In meinem Seminar gelang es mir, sie davon zu überzeugen, den Test zu durchlaufen, den Sie soeben kennengelernt haben. Das Ergebnis war, es passe durchaus gut zu ihr, auch einmal den Augenblick zu genießen, sich auf das Schöne und Harmonische in ihrem Leben einzulassen und der spirituellen Dimension mehr Platz einzuräumen. Doch würde Marie sich darauf einlassen können? Bestimmt nicht von heute auf morgen ...

Weil die eigentliche Arbeit meiner Teilnehmerinnen und Teilnehmer ja oft erst nach dem Seminar beginnt – wenn sie nämlich das individuell auf sie zugeschnittene Maßnahmenpaket im Alltag umsetzen –, ist es üblich und normal, dass wir uns auch lange Zeit nach dem Seminar intensiv austauschen. Marie ist es mittlerweile gelungen, sich Schritt für Schritt aus dem Wahn der Selbstoptimierung zu befreien. „Ich treibe zwar immer noch Sport, aber viel weniger, und manchmal ist weniger mehr. Ich kann nun auch loslassen, die Zeit einfach vertrödeln, die Dinge genießen, das Erreichte feiern, das Schöne im Leben genießen." Maries subjektives Wohlbefinden steht nun im Vordergrund, nicht irgendwelche von außen an sie herangetragenen Erwartungen.

Kapitelfazit

- Die Auswertung zeigt Ihnen, welches Glücksfeld, welche Wohlfühlstrategien und welche Feelgood-Impulse besonders gut für Sie geeignet sind, um das Niveau Ihres Wohlbefindens beizubehalten oder zu steigern, weil Sie zu Ihnen und Ihren Interessen passen und mit Ihren Werten kompatibel sind. Vermutlich wird es Ihnen so richtig Spaß machen, die Impulse zu nutzen.
- Legen Sie fest, in welcher Reihenfolge und mit welchen Schwerpunkten Sie die Impulse umsetzen wollen.
- Wenn es bei der Umsetzung eines Impulses nicht zu den gewünschten Ergebnissen kommt, gehen Sie pragmatisch zum nächsten Impuls über. Manchmal braucht es etwas Zeit, damit ein Impuls seine volle Wirkung entfalten kann.
- Übrigens: Besonders erfolgreich werden Sie mit hoher Wahrscheinlichkeit sein, wenn Sie bei der Umsetzung der Impulse Ihre Charakterstärken einsetzen. Was eine Charakterstärke ist, erfahren Sie im fünften Kapitel.

KAPITEL 5

Stärken stärken und andere Menschen zum Aufblühen bringen

Was hat Ihnen dieses Kapitel zu bieten?

- Sie wissen nun, wie Sie Ihr Wohlbefinden und Glücksempfinden stabilisieren und erhöhen. Errichten Sie auf dieser Basis ein Stärkenmanagement.
- Sie lernen das Konzept der Charakterstärken und Signaturstärken kennen.
- Mit dem Konzept gelingt es Ihnen, zu wachsen und zugleich andere Menschen mithilfe Ihrer authentischen Vorbildwirkung dabei zu unterstützen, aufzublühen.

Das Konzept der Charakterstärken und Signaturstärken

In der Positiven Psychologie wird zwischen 24 Charakterstärken unterschieden, wobei in der Forschung darunter die erstrebenswerten Aspekte unserer Persönlichkeit gefasst werden, also erstrebenswerte und positive Eigenschaften, die uns zu dem machen, was wir sind. Ryan M. Niemiec und Daniela Blickhan legen in ihren Standardwerken „Charakterstärken" beziehungsweise „Positive Psychologie" ausführlich dar, wie sich die Wissenschaft der Charakterstärken aus der Wissenschaft vom Charakter entwickelt hat und aus der Diskussion zu den Charakterstärken ein wissenschaftlich validierter Fragebogen abgeleitet werden konnte, der es jedem erlaubt, sein individuelles Charakterstärkenprofil zu bestimmen (siehe dazu Niemiec 2019, und Blickhan 2018, S. 101-147).

Wir alle verfügen über weitaus mehr als jene 24 Stärken, und damit zahlreiche weitere Fähigkeiten, Talente, Interessen und Ressourcen, die uns zu einem einzigartigen Individuum machen.

> ***Die Wissenschaft vom Charakter geht davon aus, dass sich in jenen 24 Charakterstärken das wahre Ich eines Menschen spiegelt, also das Wesen und der Kern eines Individuums.***

Jeder von uns besitzt jene Charakterstärken, aber in unterschiedlichem Ausmaß. Sehr treffend finde ich die Formulierung Martin E. P. Seligmans, der im Zusammenhang mit den Charakterstärken von den Grundbausteinen eines gelingenden Lebens spricht (Seligman 2012).

Der wissenschaftlich validierte Fragebogen beruht auf der VIA-Klassifikation – VIA deswegen, weil er am „VIA Institute on Charakter" entwickelt wurde, wobei das Institut seinerzeit unter anderem von Martin E. P. Seligman geleitet wurde. Der Fragebogen gliedert die 24 Charakterstärken in sechs Tugendkategorien, die große Verbindlichkeit dadurch gewinnen, dass die Wissenschaft davon ausgeht, sie seien in allen Kulturen und Nationen universell vorhanden (Niemiec 2019, S. 31).

Die Signaturstärken wiederum „umfassen die Stärken, mit denen sich ein Mensch stark identifiziert und die ein wesentlicher Bestandteil seines Selbstbildes sind. Signaturstärken sind Teil der Identität. (...) Wer seine Signaturstärken einsetzt, der erlebt sich als authentisch." (Blickhan 2018, S. 125) Ich gehe im Folgenden strikt pragmatisch vor und empfehle Ihnen, mithilfe des VIA-Fragebogens den Ausprägungsgrad der 24 Charakterstärken festzustellen. Die Auswertung gibt Ihnen zugleich Aufschluss über Ihre Signaturstärken, also diejenigen Charakterstärken, die Ihr wahres Ich und Ihr Wesen widerspiegeln. Dabei bezeichne ich die fünf Charakterstärken mit den höchsten Werten im VIA-Fragebogen als Signaturstärken.

- **Stopp, Herr Vogelhuber! Ich habe dazu eine Frage!**
  Sie reden die ganze Zeit von Stärken. Wo bleiben denn die Schwächen? Ist es nicht viel wichtiger, die Schwächen zu schwächen?

: **Oliver Vogelhuber:** Die Stärken stärken oder die Schwächen schwächen – dieser Streit ist fast so alt wie die Menschheit. Meine Position ist eindeutig: Wir sollten das eine tun, ohne das andere zu lassen. Beides ist wichtig. Also: Stärken Sie Ihre Stärken, bekommen Sie Ihre Schwächen in den Griff und kompensieren Sie Schwächen mit Stärken! Allerdings setze ich klare Prioritäten. Aus meiner Perspektive ist es richtig, zunächst einmal und vor allem ein Stärken- und Wachstumsmanagement aufzusetzen.

- Was aber ist der Grund für Ihre Priorisierung?

: **Oliver Vogelhuber:** Wer seinen Signaturstärken gemäß agieren kann, der wirkt authentisch und glaubwürdig und kann auch andere Menschen begeistern, mitreißen und dabei unterstützen, aufzublühen; das gilt übrigens für den beruflichen und auch den privaten Bereich. Darum sollten wir zuallererst unsere Charakter- und Signaturstärken identifizieren und stärken.

Allerdings darf bei dem Stärkenmanagement nicht übertrieben werden. Denn jede Charakterstärke droht bei Übertreibung ins Negative abzugleiten. Konkretes Beispiel: Wer es mit der Charakterstärke „Begeisterungsfähigkeit" oder „Enthusiasmus" übertreibt, droht zum Klassenclown zu werden, den niemand ernst nimmt. Wer sich allzu bescheiden gibt, überschreitet die Grenze zur Selbstverleugnung, wer die Charakterstärke

„Gerechtigkeit“ ins Extreme treibt, schlägt andere Menschen mit seinen rigorosen und hehren ethisch-moralischen Vorstellungen in die Flucht. Auf der anderen Seite droht das Laster des Mangels oder der Untertreibung: Wer es mit der Charakterstärke „Bescheidenheit“ untertreibt und sich wenig bescheiden geriert, wird zum arroganten Prahlhans. Daher gilt:

> ***Beachten Sie das Aristotelische Konzept des Maßhaltens und das Prinzip der Mitte, um bei der Entwicklung einer Charakterstärke weder in den Bereich der Übertreibung noch in den Bereich der Untertreibung zu geraten.***

Wenn Ihnen dies gelingt, erreichen Sie drei Ziele:

1. Zum einen tragen Sie zu Ihrem Wohlbefinden bei, weil Sie Ihren Charakter- und Signaturstärken gemäß leben. Indem Sie sie mit Augenmaß stärken, agieren Sie authentisch und glaubwürdig.
2. Zum anderen gehen Sie mit gutem Beispiel voran und animieren andere Menschen in Ihrem Umfeld mithilfe der Vorbildwirkung, ebenfalls ihre Charakter- und Signaturstärken zu identifizieren und auszubauen.
3. Ganz wichtig: Wenn Sie Verantwortung für andere Menschen tragen, sollten Sie dafür Sorge tragen, dass diese Menschen ihren Stärken gemäß agieren können. Wenn Sie zum Beispiel als Führungskraft, Trainer, Ausbilder oder auch als Eltern den Ihnen anvertrauten Menschen helfen, ihren Stärken gemäß arbeiten und leben zu können, leisten Sie einen positiven Beitrag zu deren Wohlbefinden und Glücksempfinden.

Was bedeutet das nun für die einzelnen Charakterstärken?

Die 24 Charakterstärken und ihre Einsatzbereiche

Die Bezeichnung der sechs Tugendkategorien oder auch Stärkenfamilien sowie der 24 Charakterstärken haben im Laufe der Zeit Umformulierungen erfahren. Zudem finden sich in der Literatur zum Teil unterschiedliche Bezeichnungen. Da meine Empfehlung lautet, dass Sie mithilfe des wissenschaftlich validierten VIA-Fragebogens feststellen, in welchem Ausprägungsgrad die einzelnen Charakterstärken bei Ihnen vorhanden sind und welche Signaturstärken Sie haben, orientiere ich mich bei der Beschreibung der Charakterstärken an den derzeitigen Bezeichnungen des VIA Institute on Charakter, das den VIA-Fragebogen unter www.viacharacter.org anbietet (Stand: 19.05.2022). Zur Verdeutlichung hänge ich den VIA-Bezeichnungen weitere, in der Literatur oft verwendete Bezeichnungen an. Ein Beispiel: Die im VIA-Fragebogen als „Perspektive" bezeichnete Charakterstärke firmiert oft als „Weisheit".

Bei der Beschreibung der Charakterstärken haben vor allem die genannten Bücher von Ryan M. Niemiec und Daniela Blickhan Pate gestanden, zudem sind meine eigenen Erfahrungen und Beobachtungen eingeflossen.

Die sechs Tugendkategorien und 24 Charakterstärken in der Übersicht

- Tugend der Weisheit und des Wissens: Kreativität, Neugier, Beurteilung (Urteilsvermögen), Liebe zum Lernen, Perspektive (Weisheit)

- Tugend des Mutes: Mut (Tapferkeit), Ausdauer, Ehrlichkeit (Authentizität), Zitrusschale (Enthusiasmus, Begeisterungsfähigkeit)
- Tugend der Menschlichkeit: Liebe (Bindungsfähigkeit), Freundlichkeit, Soziale Intelligenz (Empathie)
- Tugend der Gerechtigkeit: Zusammenarbeit (Teamwork), Gerechtigkeit (Fairness), Führung (Führungsvermögen)
- Tugend der Mäßigung: Vergebung (Vergebungsbereitschaft), Demut (Bescheidenheit), Klugheit (Vorsicht), Selbstregulierung
- Tugend der Transzendenz: Anerkennung von Schönheit und Exzellenz (Sinn für das Schöne), Dankbarkeit, Hoffnung, Humor, Spiritualität

Tugend der Weisheit und des Wissens

Bei dieser Tugendkategorie geht es um den Erwerb von Wissen, also um kognitive Fähigkeiten. Aber auch das, was wir gern als die Weisheit eines Menschen bezeichnen, spielt eine Rolle.

Kreativität: Fantasie ohne Grenzen

Kreative Menschen sprühen vor Einfallsreichtum und originellen Ideen. Wo andere lediglich einen schwarzen Fleck an der Wand sehen, denken sie an eine Spinne, ein Schimmelproblem, das beseitigt werden muss, oder was auch immer, jedenfalls nicht an das, was die Mehrheit dabei assoziiert. Ihre Fantasie kennt keine Grenzen. Kein Wunder also, dass kreative Menschen als Originale bezeichnet werden und sich auch selbst so wahrnehmen. Sie lehnen alles Normale und Konventionelle rundweg ab und sind darum in der Lage, ungewöhnliche Problemlösungen auf Seitenwegen zu finden, die anderen verschlossen bleiben.

Wie bei allen anderen Charakterstärken auch, ist es möglich, dass die Kreativität einerseits in den Bereich der Überbeanspruchung oder der Übertreibung und andererseits in den Bereich der Unterbeanspruchung oder Untertreibung gerät. Wichtig ist, den Weg der Mitte zu finden, um nicht als konformistischer und überangepasster Jasager, den niemand achten kann, oder als exzentrischer Hans-guck-in-die-Luft zu enden, dem niemand folgen will und über den sich andere Menschen lustig machen.

Wenn Sie zu den Kreativen gehören, sollten Sie andere Menschen und sich selbst im beruflichen Kontext für die Bearbeitung und Lösung innovativer Aufgaben einsetzen. Ermutigen Sie Ihr Umfeld, innovativ und kreativ zu sein. Bringen Sie sich in das Verbesserungsvorschlagswesen ein, heben Sie die Hand, wenn im Job, im Team, im Heimatverein oder in der Familie etwas Neues geplant werden soll und das Beschreiten ungewöhnlicher Seitenpfade dezidiert erwünscht ist. Bei einem Projekt übernehmen Sie die gestalterischen Herausforderungen. Wenn Sie Teamleiter oder Führungskraft sind, sorgen Sie dafür, dass kreative Menschen kreative Aufgaben übertragen bekommen.

Im Folgenden und auch hier sollten Sie stets prüfen, ob Sie die Hinweise und Tipps, die sich auf Sie selbst beziehen, nicht auch für andere Menschen nutzen können, und umgekehrt.

Neugier: „Wer nicht fragt, bleibt dumm!"

Neugierige Menschen zeigen an vielen Dingen Interesse, darum stellen sie Fragen über Fragen und nehmen selbst Stirnrunzeln und erstaunte Blicke in Kauf, wenn sie das allseits Akzeptierte infrage stellen. Sie suchen ständig nach neuen Aufgaben und Herausforderungen, die sie mit Hartnäckigkeit und Konsequenz verfolgen. Sie starten in jeden Tag mit Begeisterung und Vorfreude, weil sie gespannt darauf sind, unbekanntes Terrain zu entdecken und zu erkunden sowie Menschen zu begegnen, die ihnen etwas Neues zu bieten haben.

Werfen wir einen Blick auf die extremen Pole dieser Haltung: Allzu neugierige Menschen werden von ihrem Umfeld und ihren Mitmenschen zuweilen als aufdringlich empfunden, weil sie sich indiskret verhalten. Dies gilt es zu vermeiden, ebenso wie die Unterbeanspruchung: In diesem Fall wirkt der wenig neugierige Mensch als desinteressierter Zeitgenosse – und das ist vor allem für den Aufbau zwischenmenschlicher und sozialer Beziehungen schädlich. Hier schließt sich übrigens der Kreis zu den Themen, die in den Kapiteln 1 bis 4 dieses Buches verhandelt wurden:

> ***Wer die Charakterstärke „Neugier" angemessen einsetzt, sodass die Mitmenschen dies als angenehm beurteilen, fördert soziale Beziehungen und steigert sein Wohlbefinden.***

Fördern Sie die Neugier Ihrer Kinder und der Menschen, für die Sie Verantwortung übernommen haben. Schicken Sie Kinder in die Natur und Verkäuferinnen und Verkäufer an die Verkaufsfront zu den Kundinnen und Kunden vor Ort. Sorgen Sie dafür, dass diese Menschen und Sie sich ständig neue Fachgebiete erschließen können und müssen. Nutzen Sie die heutige

Medienvielfalt dazu, durch die es möglich ist, Neugier auf zahlreichen Kanälen zu befriedigen. Abwechslung ist das Lebenselixier neugieriger Menschen. Verteilen Sie komplexe und herausfordernde Aufgaben im Team an die neugierigen Zeitgenossen.

Beurteilung (Urteilsvermögen): Die Dinge hinterfragen

Ein hohes Urteilsvermögen bedeutet, sich gegen Beeinflussungsmaßnahmen von außen angemessen zur Wehr setzen und kognitive Herausforderungen stemmen zu können. Indem sich Menschen mit ausgeprägtem Urteilsvermögen in andere Sichtweisen hineinversetzen, stellen sie die etablierten Dinge hinterfragend auf den Prüfstand. Sie agieren offen und aufgeschlossen und sind bereit, ihre Meinung zu verändern, sobald die Fakten und Tatsachen eine entsprechend deutliche Sprache sprechen und die Argumente und Belege es erforderlich machen, aufgrund rationaler Überlegungen selbst liebgewonnene Gewohnheiten und Überzeugungen zu revidieren. Dabei scheuen sie sich nicht, auch Argumente gelten zu lassen, die im Widerspruch zu den eigenen Einstellungen stehen.

Zu befürchten ist, dass ein Zuviel an Urteilsvermögen zu einer bornierten Haltung und einem Denken in Schubladen führen kann, weil diese Menschen allzu fest von ihrer Meinung überzeugt sind, haben sie doch alle Argumente gesehen und kritisch geprüft. „Der ist aber engstirnig“, heißt es dann im Umfeld. Auf der anderen Seite der Waage droht das Urteilsvermögen in die Richtung einer blauäugigen und unreflektierten Attitüde umzuschlagen. Naivität und Gutgläubigkeit liegen dann nicht fern.

Etablieren Sie sich im beruflichen Kontext dort, wo es auf ein scharfes prüfendes Auge ankommt, etwa im Controlling. Aber auch im beratenden Bereich sind Sie und Ihre Mitmenschen, die über ein hervorragendes Urteilsvermögen verfügen und gut sind in der Analyse und rationalen Beurteilung, bestens aufgehoben. Wenn Sie eine entsprechende Teamaufgabe zu vergeben oder zu delegieren haben, ist klar, welche Mitarbeitenden von Ihnen dafür eingesetzt werden sollten. Dabei gilt immer:

> ***Wenn Sie Menschen, für die Sie Verantwortung tragen, ihren Charakterstärken gemäß einsetzen wollen, sind Sie darauf angewiesen, dass sie jenen VIA-Fragebogen durchlaufen. Denn nur so erlangen Sie Kenntnis über deren Stärkenkonstellation.***

Liebe zum Lernen: Lebenslang lernen und sich weiterentwickeln

Sich ständig weiterentwickeln und weiterbilden, sich permanent neue Wissensgebiete erschließen – einfach herrlich. Der weiterbildungshungrige Mensch passt gut in eine Zeit, in der das lebenslange Lernen eine absolute Notwendigkeit darstellt. Die Liebe zum Lernen entsteht, weil solche Menschen überzeugt sind, es lohne sich, mehr Know-how anzuhäufen, um die Selbstwirksamkeitskompetenz zu steigern. Wer viel weiß (und kann), der kann auch viel bewirken. Wissbegierige und lernwillige Menschen streben danach, sehr tief in ein Interessen- und Wissensgebiet einzutauchen, um eine Kompetenz vollumfänglich aufzubauen.

Wissbegierige Menschen tragen ihr Wissen und ihre Lernbegierde oft gern nach außen und werden darum zuweilen als Besserwisser wahrgenommen. Wenn sie dann auch noch wenig umsetzungsstark agieren, müssen sie sich Vorwürfe wie „Mach es doch erst mal besser, bevor du rummeckerst“ gefallen lassen.

Im umgekehrten Fall erscheinen sie als blasierte und hochnäsige Personen, die ihr Urteil auf einem schmalen Wissensfundament gründen. Ihre Ansichten und Meinungen kommen in den Augen des Umfeldes recht selbstgefällig daher, weil sie auf tönernen Wissensfüßen stehen.

Nutzen Sie Ihre Liebe zum Lernen, indem Sie sich einen Job und berufliche Aufgaben suchen, in und bei denen es darauf ankommt, rasch und profund neue Wissensgebiete zu durchdringen. Vielleicht ist die Forschung, der wissenschaftlich-universitäre oder der schulische Bereich eine Alternative für Sie. Oder Sie kümmern sich in Ihrem Umfeld um die Aus- und Weiterbildung von Mitarbeitenden. Eröffnen Sie den Menschen, für die Sie Verantwortung tragen, die Möglichkeit zur Weiterbildung und zum lebenslangen Lernen.

Perspektive (Weisheit): Den Dingen auf den Grund gehen

Werden Sie des Öfteren von anderen Menschen um Ihre Meinung gebeten? Suchen sie Ihren Rat bei Problemen und Herausforderungen? Sprechen die Menschen Sie aufgrund Ihrer Lebenserfahrung an? Trauen sie Ihnen zu, eine weitsichtige Weltsicht zu entfalten? „Da fragen wir doch einfach mal den …, der kann uns dazu bestimmt etwas Substanzielles sagen!“ Dann sind Sie wohl jemand, der von seinem Umfeld als „weise“ bezeichnet wird. Denn Sie geben keine 08/15-Ratschläge, sondern weisen auf Dinge hin, die dem Leben einen Sinn verleihen, indem Sie die Perspektive weiten und sich nicht scheuen, dabei in die Tiefe, also den Problemen auf den Grund zu gehen.

Aber Achtung: Perspektiventiefe und Weisheit schlagen in vermessenen Hochmut um und werden vom Umfeld als anmaßende Selbstüberhöhung oder gar Selbstüberschätzung interpretiert, wenn Sie die Zone der Übertreibung betreten und glauben, Sie hätten „die Weisheit mit Löffeln gefressen“ und wüssten immer alles besser als alle anderen. Hochmut kommt vor dem Fall. Allerdings: Wenn dieser Löffel vollkommen leer ist, ein Mensch mithin überhaupt nicht in der Lage oder willens ist, den Dingen auf den Grund zu gehen, wird er als gleichgültige und oberflächliche Person bezeichnet, und das nicht ganz zu Unrecht.

In Job und Beruf sind Sie überall dort gut aufgehoben, wo es darauf ankommt, über den Tellerrand des alltäglichen und operativen Geschäfts hinauszublicken.

> ***Sie sind stark in der strategischen und weitsichtigen Überlegung und achten darum bei der Teamzusammenstellung und der Aufgabenverteilung darauf, die Mitarbeitenden entsprechend einzuteilen. Tragen Sie Sorge dafür, dass die richtigen Mitarbeitenden am richtigen Arbeitsplatz tätig sind und dort ihre Kompetenzen und Begabungen entfalten und entwickeln können.***

Ideal ist es, wenn die Menschen, für die Sie verantwortlich sind, und auch Sie auf Gebieten wirken, in denen sich Wissen und Weisheit miteinander verknüpfen lassen, so zum Beispiel in beratenden Tätigkeiten.

Tugend des Mutes

In der zweiten Tugendkategorie haben wir es mit eher emotional ausgerichteten Stärken zu tun, die Ihnen dabei helfen,

Hindernisse zu überwinden und Herausforderungen anzunehmen und zu bewältigen.

Mut (Tapferkeit): Herausforderungen mit Standfestigkeit begegnen

Mutige Menschen zeichnen sich durch eine couragierte Haltung und eine Tapferkeit aus, die nicht nur die physischen Aspekte des Lebens betreffen, sondern auch die moralisch-ethischen und die geistigen. Darum spielt die Zivilcourage eine Rolle. Auf jeden Fall schrecken sie vor Hindernissen – bis hin zu Bedrohungen und Risiken – nicht zurück, sondern treten beherzt an die Problemlösung heran und räumen die Stolpersteine aus dem Weg. Mit Rückgrat und Standfestigkeit sehen sie den Gefahren ins Auge und verteidigen ihre Position, selbst wenn sie sich damit Schaden zufügen. Sie stehen zu ihren Überzeugungen und sind bereit, sie zu verteidigen.

Finden Sie sich in dieser Beschreibung wieder? Sehr schön! Dann sollten Sie aber auch darauf achten, nicht in die Zonen der Übertreibung oder Untertreibung zu geraten, denn dort wartet auf der einen Seite eine übertriebene Kühnheit, die in einen verantwortungslosen Tanz auf dem Vulkan umzukippen droht. Es nutzt niemandem, wenn Sie sich in gefährliche Abenteuer stürzen, in denen Sie untergehen könnten. Auf der anderen Seite führt eine zu schwächliche Ausprägung dieser Tugend zu einer lähmenden Ängstlichkeit und furchtsamen Verzagtheit.

Engagieren Sie sich im privat-persönlichen Zusammenhang in Bereichen, in denen andere vor der Herausforderung zurückschrecken und sich „nicht trauen“. Motivieren Sie Menschen mit eher ängstlicher Haltung, sich gleichfalls für unpopuläre Dinge einzusetzen, nutzen Sie dazu Ihre Vorbildwirkung. Suchen Sie im Beruf nach komplexen Aufgaben, in denen es Widerstände und Blockaden zu überwinden gilt. Versuchen Sie, dabei andere Menschen mitzureißen und mitzunehmen. Überall dort, wo es Belastungen auszuhalten und zu meistern gilt, sind Sie mit Ihrem bejahenden Lebensmut und Ihren prinzipienfesten Überzeugungen richtig aufgehoben.

Ausdauer: Die Dinge zu einem guten Ende bringen

Als ausdauernder Mensch scheuen Sie davor zurück, begonnene Dinge vorzeitig abzubrechen oder sich beim Auftreten von Problemen sofort zurückzuziehen. Mit Hartnäckigkeit, Fleiß und Disziplin verfolgen Sie die Dinge beharrlich weiter, vor allem dann, wenn Sie sie als richtig, sinnvoll, nützlich und notwendig erachten. Sie finden eine innere Befriedigung darin, die Dinge erfolgreich zu einem guten Ende zu bringen und sich dafür mit Fleiß und Unnachgiebigkeit einzusetzen. Selbst wenn auf dem Weg zum Ziel Irritationen und Zweifel auftauchen, lassen sich ausdauernde Menschen nicht so rasch aus dem Konzept bringen. Sie passen ihre Vorgehensweise den sich geänderten Rahmenbedingungen flexibel an.

Es liegt auf der Hand, dass die Ausdauer bei Überbeanspruchung in die Nähe der Besessenheit abdriften kann. Dies ist primär dann ein Problem, wenn sich herausstellt, dass das Ziel doch nicht erreichbar ist oder es sich wider Erwarten um ein unsinniges Ziel handelt. Der ausdauernde Mensch ist nicht fähig, loszulassen und seine Zielfestlegungen zu revidieren. Es fehlt ihm an Flexibilität und Anpassungsfähigkeit. Verfügt ein Mensch über keine oder eine eingeschränkte Ausdauer, erscheint er seinen Mitmenschen oft als hilf- und orientierungslose Person, die von den an sich selbst gestellten Ansprüchen niedergedrückt wird.

Ob Vereinsarbeit, Umsetzungsarbeiten im Beruf, Engagement in Institutionen (aktuelle Beispiele wären die Flüchtlingshilfe und die Notfallhilfe im Allgemeinen) – immer sind Ausdauer und die hartnäckige Verfolgung sinnvoller Ziele notwendig. Und darum sind dies geeignete Betätigungsfelder für Sie und andere ausdauernde Menschen. Suchen Sie sich Aufgaben mit Langzeithorizont. Stellen Sie sich Herausforderungen, für deren Bewältigung ein langer Atem Voraussetzung ist.

Ausdauernde Menschen signalisieren und verbreiten durch ihre hartnäckige Attitüde Hoffnung und Zuversicht und belegen, es lohne sich, sich zu engagieren.

Positionieren Sie sich an Stellen, an denen Sie andere Menschen zu einer ähnlichen Einsatzbereitschaft bewegen können. In Job und Beruf sind Sie gut in Veränderungsprozessen aufgehoben, denn im Wandel ist es meistens von zentraler Bedeutung, mit Ausdauer Ziele bei Gegenwind zu verfolgen und zu realisieren.

Ehrlichkeit (Authentizität): Seien Sie Sie selbst!

Authentische Menschen tun das, was sie sagen, und sagen das, was sie tun. Bei ihnen liegt eine große Übereinstimmung oder Kongruenz zwischen Worten, Taten und Denken vor. Das führt in der Wahrnehmung der Umgebung zu einer enorm hohen Glaubwürdigkeit und Authentizität. Sie werden von ihren Mitmenschen häufig als echt, ehrlich, überzeugend und sympathisch beschrieben. Authentische Menschen haben den Mut, sie selbst zu sein und zu sich zu stehen, auch wenn ihre Ehrlichkeit nicht in jeder Situation und nicht von jedem als zielführend empfunden wird. Ihre Wahrheitsliebe und Integrität führen zu einem hohen Grad an Aufrichtigkeit. Sie lassen sich kein X für ein U vormachen und verschmähen jede Nähe zu Betrug und Täuschung.

Muss ein Politiker, der eine schlechte (seine Gesundheit betreffend) Nachricht erhalten hat und kurz darauf im Fernsehen eine fröhliche Nachricht verkünden soll, dies tun, ohne den Zuschauerinnen und Zuschauer seine schlechte Stimmung zu kommunizieren? Authentisch wäre es, wenn er seine Verzweiflung nicht unter den Teppich kehren würde.

Aber dürfen wir dies von ihm, einer öffentlichen Person, erwarten? Wir betreten ein schwieriges Terrain. Hinzu kommt: Können wir zu ehrlich sein? Und zu authentisch? Ja, sicherlich. Es gibt Situationen, in denen eine authentische Haltung dem Umfeld und uns schadet. Ein Zuviel an Ehrlichkeit schlägt rasch in eine Untadeligkeit um, die als arrogant, selbstgefällig und selbstgerecht empfunden wird. Ein Zuwenig hingegen führt zu der Überzeugung, dieser Mensch sei eine unaufrichtige, im schlimmsten Fall eine verlogene Person.

Bösartige Zeitgenossen behaupten, Ehrlichkeit im Job sei eher von Nachteil und zum Beispiel der Karriere hinderlich. Darüber lässt sich trefflich streiten. Suchen Sie sich Betätigungsfelder, in denen es möglich und erwünscht ist, ehrlich und authentisch zu sein. Ansonsten stoßen Sie angesichts der Herausforderung, sich ständig für Ihre ehrliche Haltung rechtfertigen zu müssen, rasch an Grenzen. Klopfen Sie Ihren Beruf und Ihr Engagement daraufhin ab. Setzen Sie Mitarbeitende dort ein, wo der Hang zur Ehrlichkeit förderlich und nicht hinderlich ist und Aufrichtigkeit zu den unerlässlichen Tugenden zählt.

Zitrusschale (Enthusiasmus, Begeisterungsfähigkeit): Für das brennen, was man tut

Lassen Sie mich zunächst einmal betonen, dass die Beschreibung dieser Tugend mit „ZEST“, und damit mit „Zitrusschale“, aus meiner Sicht zumindest unglücklich und missverständlich ist. Immerhin jedoch scheint ZEST im englischsprachigen Raum mit „Enthusiasm“ und „Excitement“ assoziiert zu werden. Jedenfalls betrachten begeisterungsfähige und enthusiastische Menschen das Leben als Abenteuer und begreifen das, was sie tun, als Quellen der Inspiration. Sie brennen für das, was sie machen, und setzen sich entsprechend mit Lebensfreude und Lebenskraft dafür ein. Mit einem hohen Maß an Energie und Überzeugungskraft bringen sie die Dinge, die sie beginnen, zu einem guten Ende. Übrigens gehört diese Charakterstärke zu denen, „die die höchsten Zusammenhänge mit Lebenszufriedenheit aufweisen“. Zugleich ist sie „eine der am wenigsten verbreiteten Charakterstärken“, und zwar weltweit (Niemiec 2019, S. 184)

Wer allzu tief in die Zitrusschale beißt, sorry: ein Zuviel an Enthusiasmus an den Tag legt, wird von seinem Umfeld zuweilen als Klassenclown mit überschießender Energie und hyperaktiven Verhaltensweisen beschrieben. „Der hält sich in seiner Begeisterung an keine Spielregeln und ist letztendlich ein Störenfried“, heißt es dann. Solche Menschen werden oft als „anders“ empfunden, und das ist kein Wunder, denn es handelt sich ja um „eine der am wenigsten verbreiteten Charakterstärken“. Natürlich gibt es auch hier ein Zuwenig, das als eine tiefgehende und umfassende Interesselosigkeit und Gleichgültigkeit beschrieben wird.

Überall dort, wo es um die Zielerreichung mit Konsequenz geht – und das betrifft wohl die meisten unserer Lebensbereiche –, ist die Begeisterungsfähigkeit von hohem Nutzen. Bringen Sie sich und die Menschen, für die Sie Verantwortung tragen, in Positionen ein, in denen strategische Überlegungen, Planungen und vor allem die Umsetzung von Zielen im Mittelpunkt stehen.

> ***Wenn es um Handlungsziele, konkrete Maßnahmen, Aktivitäten und Aktionen geht, sind enthusiastische Menschen ein Gewinn, weil sie rasch ins Handeln kommen und fähig sind, andere Menschen mitzureißen.***

Setzen Sie Teammitglieder und Mitarbeitende am Arbeitsplatz entsprechend ein und sorgen Sie dafür, dass ihnen der Spaß an der Umsetzung nicht durch kleinkrämerische Bedenkenträger vergällt wird.

Tugend der Menschlichkeit

In dieser Klasse der Tugenden sind die Charakterstärken versammelt, die Ihnen dabei helfen, sinnvolle und fruchtbare Beziehungen zu Ihren Mitmenschen zu etablieren. Wenn Sie hier stark sind, haben Sie gute Voraussetzungen, Ihr Wohlbefinden zu halten und zu stärken, indem Sie sich auf das Glücksfeld der sozialen Beziehungen fokussieren.

Liebe (Bindungsfähigkeit): Liebe zeigen, geben und annehmen

Sie müssen nicht unbedingt ein Philanthrop sein, um eine hohe Bindungsfähigkeit anzustreben, aber doch Menschen grundsätzlich mögen und wertschätzen. Denn dann ist es Ihnen wichtig, tiefgehende Beziehungen zu anderen Menschen einzugehen, die von einem gegenseitigen Geben und Nehmen geprägt und durchdrungen sind. Sie suchen und finden die Nähe zu den Mitmenschen, weil es Ihnen wichtig ist, Wertschätzung und Vertrauen zu empfangen und zu spenden. So fällt es Ihnen leicht, anderen Menschen mit Einfühlungsvermögen zu begegnen und sich ihnen gegenüber tolerant und verständnisvoll zu verhalten. Blickhan (2018, S. 114) merkt lakonisch an: „Menschen mit einer hohen Ausprägung dieser Stärke können ihre Liebe zeigen und Liebe von anderen annehmen."

Schauen wir uns die extremen Pole dieser Haltung an: Menschen mit dem übertriebenen Willen, Bindungen einzugehen, werden oft als übergriffig bezeichnet, weil sie mit ihrer überbordenden Liebesfähigkeit Menschen verprellen, denen dies gar nicht recht oder sogar lästig ist. Sie finden nicht das richtige Maß und schrecken andere ab. Besser ist es, ein Gleichgewicht zwischen Liebeszuwendung und Liebeserhalt zu finden. Wer hingegen eine geringe Bindungsfähigkeit aufweist oder zum Beziehungsaufbau nicht willens oder unfähig ist, wird vom Umfeld als kühl und distanziert erlebt und droht sich zu isolieren.

Bindungsfähige Menschen sind meistens in sozialen Berufen gut aufgehoben und in Jobs, in denen der Beziehungsaufbau zu anderen Menschen – auch zu Kunden sowie zu Kolleginnen und Kollegen – relevant ist, wobei freilich eine Grenzziehung vonnöten ist und der Schwerpunkt auf dem Beziehungsaufbau, weniger auf dem Bindungsaufbau liegen sollte. Prüfen Sie, in welchen Bereichen – etwa im Verkauf oder bei der Menschen- und Mitarbeiterführung – Ihnen die Fähigkeit, mit Fingerspitzengefühl und Sensibilität zu agieren, weiterhilft. In den privaten und persönlichen Beziehungen ist die Bindungsfähigkeit etwa beim Aufbau eines stabilen Freundeskreises von Bedeutung. Engagieren Sie sich im sozialen Bereich, setzen Sie sich für andere

Menschen ein – die Charakterstärke „Bindungsfähigkeit" wird Ihnen dabei von Nutzen sein.

Freundlichkeit: Mit Hilfsbereitschaft Menschen gewinnen

Wer anderen gern einen Gefallen tut, steigert das subjektive Wohlbefinden. Darum spielt diese Charakterstärke im Bereich des Aufblühens und des Glückszuwachses eine herausragende Rolle. Freundliche Menschen sind so gut wie immer sehr hilfsbereit und setzen sich engagiert und unvoreingenommen für andere ein, ohne dafür eine Gegenleistung zu erhoffen oder zu erwarten.

> ***Mit Egoismus haben sie wenig zu tun, dafür umso mehr mit einer altruistischen Haltung, bei der bei den eigenen Handlungen und Äußerungen immer mitbedacht wird, welche Folgen dies für das Umfeld und andere Menschen haben könnte.***

Zum einen werden freundliche Menschen leider oft ausgenutzt. Zum anderen kann ein Zuviel an Großzügigkeit, Zuwendung und Mitgefühl als lästige Aufdringlichkeit interpretiert werden. „Diese gekünstelte Nettigkeit geht mir gehörig auf die Nerven" – so und ähnlich wird penetrante Freundlichkeit von den Mitmenschen zuweilen beschrieben. Die Grenzen zwischen willkommener und unwillkommener Freundlichkeit sind fließend. Auf der anderen Seite der Freundlichkeits-Waage treffen wir eine träge und leidenschaftslose Haltung an, die an Gleichgültigkeit grenzt. Bei dieser Attitüde ist es so gut wie unmöglich, eine Beziehung oder gar Bindung zu einem anderen Menschen aufzubauen.

Suchen Sie sich im privat-persönlichen Segment, aber auch im Job Bereiche, in denen es wichtig und erwünscht ist, sich anderen Personen gegenüber wertschätzend und empathisch zu verhalten. Setzen Sie freundliche Mitarbeitende im Service- und Dienstleistungsbereich ein. Überraschen Sie Ihre Mitarbeitenden, indem Sie unverhofft und ungeplant ein Gespräch mit Ihnen führen, mit dem diese also nicht gerechnet haben. Spenden Sie Kundinnen und Kunden Zusatznutzen. Suchen Sie aktiv nach Gelegenheiten, um sich gegenüber der Partnerin oder dem Partner, den Kindern oder Bekannten und Freunden zuvorkommend zu zeigen. Mit welcher kleinen Überraschung verschönern Sie Ihren Mitmenschen das Leben?

Soziale Intelligenz (Empathie): Menschenkenntnis durch Einfühlungsvermögen

Personen mit hoher sozialer Intelligenz verstehen es, sich in andere Menschen hineinzuversetzen und sich in deren Schuhe zu stellen. Sie können einschätzen und nachempfinden, was Anmerkungen, unbedacht dahingesagte Äußerungen und unüberlegte Handlungen in anderen Menschen anrichten. Sie wissen aufgrund ihrer ausgeprägten Menschen- und Selbstkenntnis, was andere und sie selbst antreibt – etwa Motivatoren, Wünsche, Erwartungen, Glaubenssätze, Überzeugungen – und wie andere und sie selbst ticken. Das macht sie zu wahren Menschenkennern, die in sozialen Interaktionen mit hoher Empathie agieren.

Wer sich zu empathisch verhält und allzu intensiv in die Haut des anderen schlüpfen will, droht sich selbst zu verlieren, weil „der Andere“ einen zu hohen Stellenwert im eigenen Wertesystem einnimmt. Wer alles durch die Brille des Gegenübers wahrnimmt und wahrnehmen möchte, dem geraten die eigene Perspektive und die eigenen Bedürfnisse und Interessen aus den Augen. Und wer es überhaupt nicht leisten kann, in fremde Vorstellungswelten einzutauchen, verliert den Kontakt zum Umfeld und versteht oft nicht, was um ihn herum geschieht.

Begeben Sie sich in möglichst zahlreiche verschiedene soziale Kontexte und Situationen, in denen mehrere Menschen miteinander interagieren. Werden Sie im sozialen Bereich tätig, engagieren Sie sich als Trainer (Sporttrainer) und Ausbilder, gehen Sie in den Lehr- und Lehrerberuf, trainieren Sie im Job andere Menschen, etwa als Coach, Trainer oder Seminarleiter.

Übernehmen Sie Verantwortung im Projekt und im Team, werden Sie zum Projektleiter oder Teamleiter – immer kommt es dabei darauf an, wertschätzend, achtsam und mit sozialer Intelligenz andere Menschen zu unterstützen. Setzen Sie die Menschen, für die Sie Verantwortung tragen, entsprechend ein. Prüfen Sie, ob Ihre Mitarbeitenden mit hoher sozialer Intelligenz in Bereichen tätig sind, in denen Sie mit Menschen zu tun haben, etwa im Verkauf und im Service.

Tugend der Gerechtigkeit

Immer wenn es um die Beziehung zwischen Menschen und einer Gruppe oder um Beziehungen zwischen Gruppen geht, treten Gerechtigkeitsfragen auf. Und damit sind wir bei der Stärkenfamilie „Gerechtigkeit" angelangt.

Zusammenarbeit (Teamwork): Sich in den Dienst der Gemeinschaft stellen

Teamfähige Menschen lieben es, wenn sie im Rahmen einer Team- und Gruppenarbeit Aufgaben übernehmen und sich in ein Sozialgefüge eingliedern können. Die Zugehörigkeit zu einer Gruppe und Gemeinschaft ist für sie von besonderer Relevanz. Sie sind dann bereit, die eigenen Interessen zurückzustellen und sich dem Team gegenüber loyal zu verhalten. Allein und ohne Anbindung an eine Gruppe zu arbeiten, gehört für Menschen mit ausgeprägter Teamorientierung zu den Höchststrafen. Lieber stellen sie sich mit Haut und Haaren in den Dienst einer Gemeinschaft.

Wer es mit dem Teamwork übertreibt, macht sich vielleicht allzu sehr abhängig von der Gruppe. Die exorbitante Zurückstellung der eigenen Interessen und die uneingeschränkte Bereitschaft, sich bedingungslos der Gruppe unterzuordnen, führen zu einer unheilvollen Vernachlässigung der eigenen Bedürfnisse. Wer hingegen unfähig und nicht bereit ist, die Erwartungen einer Gruppe, eines Teams und seiner Mitmenschen zu berücksichtigen, entwickelt sich zu einem Egoisten, der nie geben, sondern immer nur nehmen will. Und diese Haltung stößt im Umfeld natürlich auf Unverständnis und Ablehnung.

Engagieren Sie sich in einer Bürgerinitiative oder einer Gemeinschaft, bei der Ihre soziale Verantwortlichkeit und Ihre Hilfsbereitschaft zum Tragen kommen, etwa der Freiwilligen Feuerwehr oder dem Ehrenamt. Melden Sie sich im Job immer dann, wenn es möglich ist, im Team zu agieren oder mit anderen Menschen gemeinsam an einer Problemlösung zu arbeiten.

Achten Sie zugleich darauf, dass Ihre Hilfsbereitschaft und Loyalität nicht ausgenutzt werden.

Als Führungskraft und Teamleiter legen Sie Wert darauf, mit Teammitgliedern zusammenzuarbeiten, die es lieben, sich in einer Gruppe einzubringen. Setzen Sie jedes Teammitglied so ein, dass es sich seinen Kompetenzen, Qualifikationen und Begabungen gemäß entfalten kann. Erhöhen Sie die Motivation der Teammitglieder, indem Sie mit ihnen über den Sinn der Gemeinschaftsaufgabe sprechen.

Gerechtigkeit (Fairness): Menschen mit Respekt und Achtung begegnen

Menschen, die Wert darauf legen, dass es auf der Welt, in der Gesellschaft, in der Familie, im Unternehmen und am Arbeitsplatz sowie in den zwischenmenschlichen Beziehungen gerecht und fair zugeht, lassen sich meistens von moralisch-ethischen Prinzipien leiten. Oft stellen sie einen Ethik-Kodex auf, in dem sie die Leitlinien definieren, nach denen sie ihr Handeln und ihr Verhalten grundsätzlich ausrichten wollen. Zu diesen Leitlinien zählen so gut wie immer der Wille und die Bereitschaft, alle Menschen gleich zu behandeln, keinen Unterschied zu machen und ihnen mit Respekt und Achtung zu begegnen.

Wie ist es um die extremen Pole dieser Haltung bestellt? Wer die Grundsätze der Fairness außer Acht lässt, wird von den Mitmenschen zu Recht als Person gesehen, die ungerechtfertigterweise Partei ergreift und letztendlich regelwidrig und unfair vorgeht und sich von Vorurteilen leiten lässt. Und wer es mit der Fairness übertreibt, droht der abgehobenen Prinzipienreiterei zu erliegen. Die übertriebene Beachtung moralisch-ethischer Standards in jeder Lebenssituation ist zuweilen weltfremd und verstellt den Blick auf die Realität. Vor lauter Gerechtigkeitssinn werden die Menschen nicht mehr wahrgenommen.

Zeitgenossen mit übertriebenem Gerechtigkeitsgefühl pochen auf ihr Recht und verlieren darüber den Wirklichkeitsbezug.

Positionieren Sie Menschen, für die Sie verantwortlich sind, so, dass sie ihren Gerechtigkeitssinn zum Wohl der Gemeinschaft ausleben können. Sorgen Sie dafür, dass dies auch bezüglich Ihrer Tätigkeit möglich ist. Suchen Sie Diskussionen auf, in denen es um Gerechtigkeitsthemen und Fragen der Fairness geht, um Ihr Know-how und Ihr Interesse an der Gleichbehandlung aller Menschen ausleben und nutzen zu können. Wenn es um die Verantwortungsübernahme im Beruf oder zum Beispiel im Verein (Hobby) geht, engagieren Sie sich am besten in Gremien, die Grundsatzprogramme oder allgemeine Leitlinien erarbeiten. Auch das Engagement in politischen Institutionen und sozialen Einrichtungen stellt eine Option dar.

Führung (Führungsvermögen): Menschen zum Erfolg führen

Loyale und gerechtigkeitsliebende Menschen werden von ihrem Umfeld und am Arbeitsplatz gern und oft als Führungspersönlichkeiten anerkannt, weil sich die Menschen sicher sein können, fair und gerecht behandelt und dort eingesetzt zu werden, wo sie ihre Fähigkeiten optimal aktivieren und zum Einsatz bringen können.

Menschen mit ausgeprägtem Führungsvermögen sorgen für ein angenehmes Wohlfühlklima, in dem die Mitarbeitenden sich motiviert fühlen, ihr Bestes zu geben und Topleistungen und Toparbeitsergebnisse abzuliefern. Sie üben einen positiven Einfluss auf Teams und Gruppen und verstehen es, ein profundes Vertrauensverhältnis zu implementieren, durch das gute und förderliche Beziehungen entstehen und gedeihen.

Dezidiertes Führungsvermögen kann zu einer Haltung führen, die von den Menschen und vor allem von Mitarbeitenden als willkürlich oder gar despotisch definiert wird. Selbst wer mit bestem Willen vorangehen und den anderen den Weg weisen möchte, wird scheitern, wenn der Wille zur Führung diktatorische Ausmaße annimmt. „Der will uns zu etwas überreden und zwingen, was wir gar nicht wollen“ heißt es dann. Das gilt insbesondere, wenn die Notwendigkeit, gute Leistungen zu erbringen, nicht ausreichend begründet und legitimiert wird. Auf der anderen Seite zieht die völlige Abwesenheit von Führungsvermögen dazu, dass eine solche Person als willenlos empfunden wird. Es ist unmöglich, Vertrauen zu ihr aufzubauen.

Überall, wo Aktivitäten organisiert und umgesetzt werden müssen, sind Ihr Führungsvermögen und Ihr Selbstbewusstsein, eigenverantwortlich vorzugehen, gefragt. Das gilt auch für Ihre privaten Vorhaben – aber nehmen wir Ihre beruflichen Aktivitäten als Beispiel: Führen Sie andere Menschen zum Erfolg. Streben Sie danach, Ziele eigeninitiativ zu formulieren, Aufgaben verantwortlich zu planen und Umsetzungsmaßnahmen gemeinsam mit den Mitarbeitenden anzugehen.

> ***Nutzen Sie Ihre Führungskompetenz, andere Menschen zu motivieren und Rahmenbedingungen so zu gestalten, dass gute Arbeitsergebnisse die unausweichliche Konsequenz sind.***

!

Tugend der Mäßigung

„Diese Stärken wirken Exzessen entgegen, speziell in Bezug auf Hass, Arroganz, kurzfristige Befriedigung und emotionale Extreme“ heißt es bei Daniela Blickhan. Schauen wir uns die Social-Media-Welt an, finden wir leider zahlreiche Belege, dass diese Charakterstärke „weltweit eher gering ausgeprägt“ (Blickhan 2018, S. 116) ist.

Vergebung (Vergebungsbereitschaft): Startschuss zum Neubeginn

Wenn Sie bei Fehlern nicht gleich auf die Suche nach einem Schuldigen gehen, sondern bereit sind, den Fehler zu verzeihen und demjenigen, dem er unterlaufen ist, zu vergeben, gehört die Vergebungsbereitschaft zu Ihren Charakterstärken. Allerdings gibt es den Ausspruch, die Vergebung sei die mildeste Form der Rache – darum ist es wichtig, dass Ihre Vergebung von Herzen kommt und darauf abzielt, einen Verbesserungsprozess einzuläuten und dem ‚fehlerhaften' Menschen eine zweite oder gar dritte Chance einzuräumen. Mit der Toleranz einer Unzulänglichkeit gegenüber geben Sie also den Startschuss zu einem Neubeginn.

Wer ‚alles' duldet und erduldet, wer immer und überall tolerant ist, beraubt sich fahrlässig der Möglichkeit, Einfluss auf ungewollte Entwicklungen und Veränderungen zu nehmen. Und wer das Freiheitsstreben eines Menschen oder einer Gruppe absolut setzt, tut dies oft zulasten einer anderen Gruppe oder zulasten seiner selbst. Diese Haltung scheint nicht besser zu sein als die entgegengesetzte, die in die erbarmungslose Schonungslosigkeit führt, weil die Option, zu vergeben und zu verzeihen, gar nicht erst gesehen wird.

Auch diese Charakterstärke entwickelt ihre volle Wirkkraft vor allem in sozialen Kontexten. Engagieren Sie sich also für die Gemeinschaft und in der Gemeinschaft. Prüfen Sie, inwiefern es möglich ist, Ihre berufliche Entwicklung in die Richtung eines Amtes oder einer Aufgabe zu treiben, in der Recht gesprochen wird und die Überzeugung vorherrscht, Vergeben und Verzeihen seien nützliche Verhaltensweisen, die zur gesellschaftlichen Weiterentwicklung beitragen. Vergeben Sie, aber ohne dem Gegenüber einen Freibrief für weitere Verletzungen auszustellen.

Demut (Bescheidenheit): Von sich selbst absehen können

Niemiec führt aus, die Bescheidenheit sei „weltweit durchweg eine der am wenigsten verbreiteten Stärken" (Niemiec 2019, S. 192)! Da der Perspektivenwechsel und die Fähigkeit, Dinge auch aus einem anderen Blickwinkel als dem eigenen wahrzunehmen, zu den Grundvoraussetzungen gehört, sich in andere Menschen hineinzuversetzen, ist das seltene Vorkommen dieser Charakterstärke fatal. Bescheidene Menschen verfügen über die Demut, von sich selbst absehen zu können und sich selbst nicht permanent in den Mittelpunkt rücken zu müssen. Sie müssen ihre Leistungen nicht bei jeder Gelegenheit betonen, sondern üben Zurückhaltung darin, ständig von sich selbst reden zu müssen. Die egozentrische Haltung, die Welt und das Gespräch müsse sich immer um sie selbst drehen, liegt ihnen nicht nur fern, sondern ist ihnen suspekt.

Wer übertrieben bescheiden und demütig auftritt, wird von seinem Umfeld oft aufgefordert, sein Licht nicht unter den Scheffel zu stellen, und wahrscheinlich zu Recht verdächtigt, über wenig Selbstvertrauen und Selbstbewusstsein zu verfügen. Ein Zuviel an Bescheidenheit führt oft dazu, dass sich die Menschen selbst klein machen, während ein Zuwenig an Demut als selbstherrliche Überheblichkeit daherkommt, die den Narzissmus streift und in die Nähe der Selbstverliebtheit führt.

Wo fühlen sich bescheidene Menschen besonders wohl? Geeignet sind Tätigkeitsbereiche, in denen sie eigenverantwortlich und selbstorganisiert agieren können; dazu zählen oft Freiberufler, die ihre Expertise voll ausleben, ohne ständig dafür gelobt werden zu müssen. Auch im Dienstleistungs- und Servicebereich sind bescheidene Personen recht gut aufgehoben. Natürlich gibt es – wie in allen im fünften Kapitel beschriebenen Fällen –Gegenbeispiele, aber meiner Beobachtung nach sind gerade im Dienstleistungs- und Servicebereich egozentriertes Denken und Handeln besonders kontraproduktiv, weil hier die Hilfsbereitschaft im Vordergrund steht. Hinzu kommt:

> ***Suchen Sie Ihr Tätigkeitsfeld im Team und in Teamaufgaben, denn hier werden seltener Einzelpersonen gelobt, vielmehr stehen die Teamergebnisse im Fokus.***

Klugheit (Vorsicht): Harakiri-Situationen vermeiden

Die Vermeidung von Risiken und Gefahren sowie eine ausgesprochene Zukunftsorientierung zeichnen die klug-vorsichtigen, oder auch: umsichtigen Menschen aus. Weil sie die Konsequenzen ihrer Entscheidungen und Handlungen insbesondere für die Zukunft im Detail be- und überdenken, tendieren sie zur Vorsicht und planen die Folgen frühzeitig ein, um gegebenenfalls korrigierend eingreifen zu können. Oft wird ihnen eine achtsame Zurückhaltung und die sorgsame

Betonung von Vorsichtsmaßnahmen bescheinigt, die als Konsequenz keine übervorsichtige Umsicht, sondern eine wohltuende und angemessene Vorsicht nach sich zieht. Sie scheuen sich nicht, neue Erfahrungen zu machen, vermeiden aber doch Harakiri-Situationen.

Kommen wir zu den Extremen der vorsichtigen Haltung: Fehlende oder mangelnde Klugheit und Vorsicht können zu einer unheilvollen und gefährlichen Überstürzung führen, weil derart veranlagte Menschen sich bedenkenlos, spontan, kopflos und unvorsichtig auch in Situationen stürzen, die sie nicht überblicken. Wer seinem Vorsichts-Gen allerdings zu viel Spielraum lässt, wird wie das Kaninchen vor der Schlange in Erstarrung verfallen und ist bewegungslos und antriebsarm zur Handlungsunfähigkeit verdammt.

Suchen Sie Herausforderungen im präventiven Bereich (Polizei, Gesundheit, Sozialarbeit). Melden Sie sich im Beruf für Aufgaben im strategischen und planerischen Bereich und konzentrieren Sie sich darauf, umsichtige und vorsichtige Vorschläge zu unterbreiten. Gerade Entscheidungen mit umfassender Langzeitwirkung wollen genau und klug überlegt und getroffen werden. Denn wer hier daneben liegt, muss mit langanhaltenden und weitreichenden Konsequenzen rechnen – das gilt selbstverständlich auch für den privat-persönlichen Bereich. Bei Veränderungsprozessen lässt sich Ähnliches sagen. Es passt zu Ihnen, wenn Sie als vorsichtiger Mensch Planungs- und Umsetzungsschritte schriftlich fixieren. Das Prinzip der Schriftlichkeit passt zur klug-vorsichtigen Attitüde.

Selbstregulierung: Gefühle und Emotionen kontrollieren

Mit der Charakterstärke der Selbstregulierung ist die (selten vorkommende) Fähigkeit gemeint, das eigene Denken und Tun zu reflektieren und kontinuierlich einer Überprüfung zu unterziehen, die auch zu den entsprechenden Veränderungen im Verhalten führt. Die angemessene Ausprägung der Selbstregulierung verhilft zu einer hohen Selbstkontrolle und befähigt einen Menschen, seine Gefühle und sich selbst im Zaum zu halten. Selbstdisziplin und Selbstbeherrschtheit ermöglichen die Fokussierung und Konzentration auf die wesentlichen Dinge einer Aufgabe.

> ***Wichtig ist der Hinweis, dass Menschen mit ausgeprägter Selbstregulierung ihre Gefühle nicht beiseiteschieben oder gar verdrängen, sondern sie derart zu regulieren verstehen, dass sie die Zielerreichung und den Erfolg unterstützen und befördern.***

Die Pole der Untertreibung und Übertreibung reichen bei dieser Charakterstärke von einem zügellosen Verhalten, das durch nichts beeinträchtigt wird, bis hin zu einer Erstarrung, die an eine fast schon schmerzhafte Befangenheit und Verklemmtheit erinnert. Der ‚überregulierte' Mensch ist der Gefangene seiner ständigen Überlegung, was andere über ihn denken mögen und was vor allem er selbst von sich halten mag. Sein Gegenpol hingegen kennt weder Maß noch Ziel und schießt darum oft über dasselbe hinaus.

Setzen Sie Mitarbeitende mit hoher Selbstregulierung und sich selbst bewusst Situationen aus, in denen es auf reflektiertes Handeln und ein wohlüberlegtes Vorgehen ankommt, um erfolgreich zu sein. Suchen Sie nach Herausforderungen, bei denen es darauf ankommt, Gefühle und Emotionen im Griff zu haben und sich nicht übermäßig von ihnen beeinflussen und leiten zu lassen. Bevorzugen Sie Tätigkeiten, in denen die Langzeitwirkung und der Langzeiterfolg bedeutsamer sind als der kurzfristige Strohfeuer-Erfolg. Widmen Sie sich Aufgaben, bei deren Bewältigung eine ausgeprägte Frustrationstoleranz unabdingbare Voraussetzung ist.

Tugend der Transzendenz

Die meisten Menschen wollen wissen, warum es sich lohnt, jeden Morgen aufzustehen und sich einer bestimmten Tätigkeit zu widmen. Sie streben ein sinnvolles und sinnstiftendes Leben an und wollen einem nächsthöheren Ganzen dienen, das größer ist als sie selbst und über ihre individuelle Existenz hinausweist, ihr Leben also transzendiert.

Anerkennung von Schönheit und Exzellenz: Sinn für das Schöne entwickeln

Wenn schöne Dinge in Ihrem Leben eine wichtige Rolle spielen und Sie sich an den angenehmen Aspekten erfreuen können, verfügen Sie über einen ausgesprochenen Sinn für das Harmonische, Ausbalancierte, Ästhetische und Schöne. Dann gelingt es auch, über die kleinen, oft unscheinbaren Dinge des Lebens wie ein Kind zu staunen.

Dieses kindliche und ehrfürchtige Staunen kann durch die unterschiedlichsten Impulse hervorgerufen werden: durch Impulse aus der Kunst, der Literatur, der Wissenschaft, der Natur, aber auch durch alltägliche Erfahrungen, in denen sich trotzdem das Aufgehoben-Sein in etwas zeigt, das größer und umfassender ist als wir selbst.

> ***Der Sinn für das Schöne zeigt sich meistens dort, wo wir etwas mit einem interesselosen Wohlgefallen (nach Immanuel Kant) zu betrachten imstande sind, einfach, weil es schön und angenehm ist – aber nicht, weil wir damit ein Ziel oder einen unmittelbaren Zweck verknüpfen.***

Auch der Sinn für das Schöne kann zu extremen Ausprägungen führen: Wer zum kindlichen Staunen unfähig ist oder dies als eine alberne Haltung abtut, tendiert zur Gleichgültigkeit und ist nicht in der Lage, das Schöne und Erhabene um uns herum wahrzunehmen. Und wer ausschließlich immer nur das Schöne sehen will, ist wohl ein überheblicher Snob, der es ablehnt, sich mit den Realitäten und der Lebenswirklichkeit zu beschäftigen und auseinanderzusetzen, und auf all diejenigen herabblickt, die nicht fähig sind, in den unscheinbaren Dingen das große Ganze zu erkennen.

Suchen Sie Lebensbereiche und Situationen auf, in denen es darum geht, innovativ zu sein. Ermöglichen Sie dies auch Ihren ästhetisch veranlagten Mitarbeitenden. Entfesseln Sie Kreativität, indem Sie an den Dingen das Neue, Unerwartete und Schön-Positive sehen und es zum Fundament einer innovativen Entwicklung machen.

Nutzen Sie Ihre Stärke, um Exzellenz und hervorragende Leistungen wahrzunehmen und angemessen zu würdigen und um im privaten und beruflichen Bereich Menschen zu besseren Leistungen zu motivieren. Nutzen Sie Ihren ästhetischen Sinn, um Menschen in Projekten mitzureißen, Visionen und Leitbilder zu kreieren und Sinn durch faszinierende Zukunftsbilder zu stiften.

Dankbarkeit: Das Leben ist schön und lebenswert!

Gewiss erinnern Sie sich an das Glücksfeld „Dankbarkeit und Optimismus" und die Fähigkeit, Situationen herbeizuführen, in denen Sie anderen Menschen dankbar sein können. Wir sollten dankbar sein für jeden Menschen, der in der Lage ist, Liebe in unser aller Leben zu integrieren und uns erkennen lässt, dass das Leben trotz aller Widrigkeiten und Schwierigkeiten (auch) schön sein kann und schön ist. Und das hat mit den individuellen Lebensumständen, aber auch und vor allem mit den Menschen zu tun, denen wir begegnen dürfen. Die Haltung der Dankbarkeit ermöglicht uns, das Dasein als geglücktes Leben anzuerkennen.

Wer nie daran denkt, auch einmal dankbar zu sein, droht alles, was ihm an Gutem geschieht, als bloße Selbstverständlichkeit hinzunehmen und letztendlich vom Leben zu erwarten, ja, zu fordern, dass es immer nur seine guten Seiten zeigt. Das führt zu Überheblichkeit und Undankbarkeit. Übertrieben dankbare Menschen hingegen erscheinen in den Augen anderer als aufdringlich und sich anbiedernd. „Will der sich bei mir einschmeicheln oder was soll das?" ist eine Reaktion, mit der allzu dankbare Menschen häufig konfrontiert werden.

Bevorzugen Sie Jobbereiche, in denen Sie Menschen begegnen, denen Sie von Herzen dankbar sein können. Wahrscheinlich gehören der Servicebereich, der Verkauf und die Beratung zu den Positionen, in denen Sie – und Ihre ‚dankbaren'

Mitarbeitenden – glücklich sein können. Angemessen sind überdies Tätigkeiten im sozialen und gesundheitlichen Bereich.

> ***Nutzen Sie jede Möglichkeit, den Menschen ein Lächeln ins Gesicht zu zaubern. Ihre Stärke, dankbar sein zu können, wirkt oft ansteckend, weshalb Sie im motivatorischen Bereich aktiv werden sollten.***

Hoffnung: Mit Optimismus Zukunft gestalten

Zuversichtliche Optimisten haben die Kompetenz, das Beste zu erwarten, ohne sich allerdings von der rosaroten Wahrnehmungsbrille täuschen zu lassen. Hoffnungsvolle Menschen können stets nachvollziehbare Gründe angeben, warum Anlass zum Optimismus besteht und es richtig ist, positive Zukunftsszenarien zu kreieren.

Sie verfügen über eine hohe Selbstwirksamkeitserwartung und sind sich sicher, die Entwicklung von Geschehnissen und die Weiterentwicklung der Menschen in ihrem Umfeld angemessen beeinflussen zu können. Sie sind davon überzeugt, dass sich auch ambitionierte Ziele erreichen lassen, sofern sie in der Lage sind, die notwendigen Schritte zur Zielerreichung festzulegen und mit Konsequenz zurückzulegen.

Die extremen Pole dieser Charakterstärken sind durch einen überbordenden Pessimismus und eine Haltung markiert, die stets und überall immer nur das Positive sehen kann und will und oft genug die Augen vor der (unschönen) Wahrheit verschließt. „Es kann nicht sein, was nicht sein darf“, so das handlungsstiftende Motto der Experten für verharmlosende Schönfärberei. Aber auch die Attitüde des Pessimisten, immer nur das Schlechte und Negative wahrzunehmen, gehört zu den kontraproduktiven Einstellungen, die zur Handlungsunfähigkeit verurteilen.

Kümmern Sie sich um Aufgaben, die mit Zukunftsgestaltung und Zukunftsorientierung in einem Kontext stehen. Dabei können durchaus politisch-gesellschaftliche Aspekte im Fokus stehen, und auch Berufe und Jobs, in denen Sie Menschen einen möglichen Entwicklungsweg aufzuzeigen, also Tätigkeiten im beratenden und trainierenden Bereich. Machen Sie den Menschen Mut und geben Sie ihnen Hoffnung, indem Sie ihre Wünsche und Erwartungen mit konkreten Zielsetzungen unterfüttern. Arbeiten Sie im konzeptionellen Segment, um in Ihrem Verantwortungsbereich eine lebenswerte Zukunft gestalten zu können. Setzen Sie zuversichtliche Menschen, für die Sie verantwortlich sind, entsprechend ein.

Humor: „Humor ist, wenn man trotzdem lacht"

Humor ist die beste Medizin. Und: „Humor ist, wenn man trotzdem lacht" (Otto Julius Bierbaum). Gerade problematische und krisenhafte Ereignisse lassen sich durch eine Lebenshaltung transzendieren, die durch unerschütterlichen Humor und Gelassenheit geprägt ist. Durch die heitere Attitüde auch in schwierigen Zeiten eröffnen Sie sich den Zugang zu Problemlösungen, der Ihnen mit einer allzu ernsthaften und rein verstandesmäßig-vernünftigen Einstellung vielleicht verschlossen bliebe. Natürlich: Humorvolle Menschen lachen gern und bringen andere Menschen mit Vorliebe zum Schmunzeln, schließlich soll die Humor-Medizin nicht nur einem selbst zugutekommen, sondern darüber hinaus Menschen erfreuen, die traurig, niedergeschlagen und deprimiert sind.

Natürlich ist es schwierig, angesichts prekärer Lebensumstände humorig zu sein. Da kann einem das Lachen schon vergehen. Wer dies übertreibt, gleitet rasch in eine bodenlose Ernsthaftigkeit ab, die das Leben wenig lebenswert erscheinen lässt. Und der Hang, den Humor übermäßig auszuleben, kann in einer Blödelei enden, bei dem uns das Lachen vergeht und uns im Hals stecken bleibt. Wer das Leben immer nur von der heiteren Seite her betrachtet, wird von seinen Mitmenschen als Leichtgewicht desavouiert, dem es zu misstrauen gilt.

Suchen Sie nach Bereichen und Tätigkeitsfeldern, in denen das herzhafte Lachen und eine humorvolle Lebenseinstellung weiterhelfen. Es gibt Lach-Trainer, die den Menschen beibringen, den Dingen wieder mit Humor zu begegnen. Diesen Weg müssen Sie nicht unbedingt auch einschlagen, aber der künstlerisch-schauspielerische Pfad wäre durchaus eine denkbare Option, ebenso wie der gesundheitlich-pflegerische Bereich. Prüfen Sie, ob die Arbeit mit Kindern und Jugendlichen ein geeignetes Betätigungsfeld ist. Helfen Sie Menschen, mit denen Sie zusammenarbeiten, Nischen zu finden, in denen Humor notwendig ist und weiterhilft.

Spiritualität: Beschäftigung mit den „letzten Dingen"

Kommen wir zu der letzten Charakterstärke, die die Neigung von Menschen beschreibt, die gern und intensiv über den Sinn des Lebens nachdenken und es lieben, sich mit „den letzten Dingen" zu beschäftigen.

Dazu gehört gewiss der religiöse Bereich, aber es gibt selbstverständlich auch Atheisten und Agnostiker, die sich mit spirituellen Überlegungen und Reflexionen auseinandersetzen, weil es sie interessiert, was „danach" kommt und was von einem Menschen auf und in der Welt zurückbleibt, wenn es ihn physisch nicht mehr gibt.

> ***Spirituell veranlagte Menschen mögen und lieben Menschen und wollen auch darum wissen, was jenseits der individuellen Erscheinung und des individuellen Lebens existiert.***

Werfen wir einen Blick auf die extremen Pole dieser Charakterstärke: Wer sich auf eine übertriebene und exaltierte Weise mit den „letzten Dingen" beschäftigt, gleitet vielleicht in realitätsferne Gebiete ab und neigt dazu, die als richtig erkannte spirituelle Überzeugung zu verabsolutieren und anderen aufzudrängen oder aufzuzwingen. Das kann zum Beispiel zum religiösen Fundamentalismus führen. Zu dem Gegenpol schreibt Daniela Blickhan überzeugend: „Menschen, bei denen diese Stärke gering ausgeprägt ist, wirken übermäßig nüchtern, möglicherweise auch zynisch." (Blickhan 2018, S. 118)

Sorgen Sie dafür, dass spirituelle Menschen sich überall dort einbringen können, wo Dinge bewertet, beurteilt und eingeordnet, in einen Rahmen eingepasst sowie mit einer Struktur versehen werden sollen. Dies ist etwa der Fall, wenn es im Beruf um Zukunftsgestaltung und um die Diskussion und Beantwortung von Grundsatzfragen geht. Auch die Erziehung, Ausbildung und Bildung von Menschen (Lehre und Lernen, Weiterbildung) könnten Felder sein, bei dem die spirituelle Charakterstärke sinnvoll zum Einsatz gelangen kann. Wahrscheinlich sind spirituell geprägte Menschen beruflich in sozialen, pflegerischen und gesundheitlichen Institutionen, bis hin zum Hospiz, gut aufgehoben.

Identifizieren Sie Ihre Charakter- und Signaturstärken

Sie kennen nun die 24 Charakterstärken, ihre jeweiligen extremen Pole und die Einsatzbereiche, in denen sie für ihre „Besitzer“ mit einiger Wahrscheinlichkeit von großem Nutzen sind. Nun ist es an der Zeit, den VIA-Fragebogen unter

www.viacharacter.org

zu beantworten und Ihre individuelle Ausprägung der 24 Charakterstärken festzustellen. Die individuell besonders relevanten Stärken sind Ihre Signaturstärken, die Ihr wahres Ich und Ihr Wesen widerspiegeln.

Ich empfehle Ihnen, sich mit großer Intensität um den weiteren Ausbau dieser Signaturstärken zu kümmern und auch andere Menschen dabei zu unterstützen. Wie bereits gesagt: Dazu ist es notwendig, dass die Menschen, für die Sie verantwortlich sind, jenen Fragebogen ausfüllen. Nur so lassen sich die Charakter- und Signaturstärken auch dieser Menschen identifizieren.

Wie viele Signaturstärken ein Mensch besitzt, lässt sich nicht mit Sicherheit sagen. Christopher Peterson und Martin E. P. Seligman gehen davon aus, dass ein Mensch in der Regel zwischen drei und sieben Signaturstärken hat (Peterson, Seligman 2004).

Ich schlage den goldenen Mittelweg ein und empfehle pragmatisch, die ersten fünf Charakterstärken als Signaturstärken in den Fokus zu rücken und in Ihr persönliches Trainingsprogramm zur Optimierung Ihrer Stärken aufzunehmen.

Übrigens: Daniela Blickhan stellt in ihrem Buch „Positive Psychologie“ in Anlehnung an Ryan M. Niemiec eine einfache Möglichkeit vor, die eigenen Signaturstärken zu analysieren: „Nehmen Sie aus den 24 Stärken die fünf bis acht heraus, die Sie am besten beschreiben. Dann stellen Sie sich für jede einzelne die Frage: ‚Wie wäre es für mich, wenn ich diese Stärke zwei Wochen lang nicht einsetzen könnte?‘

Die meisten Menschen erleben bei dieser Frage eine spontane, teils sehr intensive Reaktion, die zum Teil fast körperlich ausfällt. ‚Das ist, als würde mir ein Arm auf den Rücken gebunden‘, ‚... wie ein Schlag in die Magengrube‘, ‚... dann wäre ich nicht mehr ich‘“ (Blickhan 2018, S. 126). Diese Reaktionen weisen darauf hin, dass es sich dann tatsächlich um eine Signaturstärke handelt.

Notieren Sie hier auf der Grundlage des VIA-Fragebogens Ihre fünf Signaturstärken:

Meine fünf Signaturstärken
1.
2.
3.
4.
5.

Nutzen Sie die Erkenntnisse zu Ihren Charakter- und Signaturstärken, um:

- ... Ihre persönlichen Stärken weiter zu stärken und Ihre Schwächen mit Stärken auszugleichen.

- ... Ihre Signaturstärken zum Fundament Ihrer Lebensführung zu machen. So entwickeln Sie sich zu einer authentischen Persönlichkeit. Gehen Sie dann mit gutem Beispiel voran und motivieren Sie die Menschen in Ihrem Verantwortungsbereich mithilfe der Vorbildwirkung, gleichfalls ihre Charakter- und Signaturstärken zu erkennen und diese Stärken zu trainieren. Aufgrund Ihrer Authentizität wirken Sie glaubwürdig, die Menschen werden es lieben, Ihnen nachzueifern.

Wie mich meine Signaturstärken zum Aufblühen brachten

Im zweiten Kapitel habe ich Ihnen in der Story „Ab jetzt mache ich nur noch das, was ich wirklich will!“ von den ersten Jahren meiner Selbstständigkeit erzählt, die im Jahr 2008 begann. Da lief vieles schief, nicht nur beruflich, auch privat. Scheidung, miese Auftragslage, Schulden, Existenzkampf pur, phasenweise „unterstützt“ durch den „Freund“ Alkohol. In der Zeit versuchte ich die Menschheit auch noch mit dem „Institut für Positive Psychologie“ zu beglücken, aber niemand hat sich für „IPPSY“ interessiert. Und nach harten Jahren des Kampfes gab es dann auch noch ein gesundheitliches Problem, das mich 2016 auf die Intensivstation im Westend-KH in Berlin brachte.

Aber auch davor konnte selbst der Blick durch die rosarote Wahrnehmungsbrille nicht darüber hinwegtäuschen, dass es mir schlicht und einfach nicht gut ging. Ich war in der Zeit vor der Selbstständigkeit für einen Versicherungskonzern im Nürnberger Land tätig, einige von Ihnen werden wissen oder erahnen, wovon ich rede.

„Oliver Vogelhuber in einem erzkonservativen Versicherungsunternehmen, sich strikt an Vorgaben haltend und regelkonform agierend, mit wenig Raum zur kreativen Entfaltung, das Motto ‚Bitte nicht lachen‘

auf der Stirn tragend und ja nicht allzu viel Enthusiasmus an den Tag legend": Wenn ich das heute Menschen erzähle, die mich auf der Bühne oder im Seminarraum live erleben, blicke ich in ungläubige Gesichter. Und warum glauben die Menschen es nicht? Weil ich nun meinen Signaturstärken gemäß lebe, von denen ich erst 2016 erfahren durfte.

Die Auswertung des VIA-Fragebogens weist bei mir die Charakterstärken „Humor", „Mut (Tapferkeit)", „Zitrusschale (Enthusiasmus, Begeisterungsfähigkeit)", „Kreativität" und „Hoffnung" (also Optimismus und Zuversicht) als meine fünf Signaturstärken aus. Diese Stärken konnte ich in jenem Versicherungsunternehmen und in den ersten Jahren meiner Selbstständigkeit nicht ausleben, im Gegenteil, da waren sie geradezu kontraproduktiv. Heute lebe ich sie in meinen Vorträgen, Seminaren und Veranstaltungen aus und vor, bin humorvoll, baue sogar Comedy-Elemente ein und zeige den Menschen, wie wichtig Mut, Begeisterungsfähigkeit, Kreativität und Optimismus für mich sind, um ein zufriedenes, ja glückliches Leben zu führen. Die Menschen lassen sich von mir mitreißen, auch ihren eigenen Signaturstärken auf die Spur zu kommen.

Die Menschen bestätigen mir, wie gut meine Signaturstärken harmonieren. Und tatsächlich: Humor, Mut, Begeisterungsfähigkeit, Kreativität und Optimismus – das bin ich, das sind die fünf Puzzleteile meiner Persönlichkeit, das ist Oliver Vogelhuber. Wenn meine Kreativität, mein Enthusiasmus und mein Humor Lebensfreude pur ausstrahlen, fragen mich die Menschen: „Sag mal, welche Drogen nimmst du eigentlich? Die will ich auch haben. Es ist doch nicht möglich, ständig so gut drauf zu sein!" Ich antworte dann: „Drogen nehme ich nicht. Aber du willst bei dir dieselbe Wirkung, die du bei mir beobachtest? Dann lebe deinen Signaturstärken gemäß! Lebe deiner Persönlichkeit gemäß! Sorge für dein Wohlbefinden. Lebe authentisch! Profile Your Life!"

Kapitelfazit

- Unterstützen Sie Ihr Stärkenmanagement, indem Sie die für Sie wichtigsten Wohlfühlstrategien und Feelgood-Impulse umsetzen und zugleich Ihre Charakter- und Signaturstärken stärken.
- Identifizieren Sie Ihre Charakter- und Signaturstärken mithilfe des VIA-Fragebogens.
- Stärken Sie Ihre Stärken, bekommen Sie Ihre Schwächen in den Griff und kompensieren Sie Schwächen mit Stärken.
- Nutzen Sie Ihre authentische Vorbildwirkung, um auch andere Menschen zu motivieren, ihre Charakter- und Signaturstärken zu erkennen und zu trainieren.

SCHLUSSWORT

Das Lebensschiff in den richtigen Hafen steuern

Quelle: In Anlehnung an die Segelboot-Metapher von Robert Biswas-Diener (2010)

Und noch einmal: Profile Your Life!

Bitte schauen Sie sich das Schiff auf der vorigen Seite an, es fasst die Inhalte dieses Buches zusammen. Ihr Ziel ist es, mit Ihrem Lebensschiff in den Hafen Ihrer Zielerreichungen einzulaufen und Ihre Lebensvision umzusetzen.

Dazu sind zunächst einmal Ihre Skills und Ihr Wissen notwendig, mithin Ihre Kompetenzen, Fähigkeiten, Talente, Begabungen, Qualifikationen und so weiter. Sie bilden den Rumpf Ihres Lebensschiffes: Der Schiffsrumpf bezeichnet den Teil des Schiffs, der ihm die Fähigkeit verleiht, überhaupt schwimmen und sich fortbewegen zu können. Ohne Ihre Skills und ohne Ihr Wissen geht also gar nichts.

Klar ist: Wenn es eine Kompetenzlücke gibt, sollten Sie sie schließen, indem Sie neue Kompetenzen aufbauen oder vorhandene ausbauen. Ihr Lebensschiff soll ja nicht untergehen.

„Wir können den Wind nicht ändern, aber die Segel anders setzen" – das soll Aristoteles gesagt haben. Die Segel des Lebensschiffes werden durch die Inhalte dieses Buches beschrieben: Das eine Segel steht für Ihr subjektives Wohlbefinden und Glücksempfinden. Indem Sie feststellen, welche Impulse Ihnen dabei helfen, das Niveau Ihres Wohlbefindens und Glücksempfindens zu stabilisieren oder zu heben und weiterzuentwickeln, sorgen Sie dafür, vom Wind in die richtige Richtung getrieben zu werden.

Darum: Überprüfen Sie das derzeitige Niveau Ihres Wohlbefindens und nutzen Sie die sechs Felder des Wohlbefindens, die zwölf Wohlfühlstrategien und vor allem die 24 Feelgood-Impulse und Impulsübungen, um an Ihrem subjektiven

Wohlbefinden zu arbeiten. Kontrollieren Sie die Fortschritte, um die nächsten Impulse zu nutzen, die immer auf Ihre Persönlichkeit und Mentalität abgestimmt sind.

Das zweite Segel steht für Ihre Signaturstärken. Stellen Sie fest, welche der 24 Charakterstärken für Sie relevant sind, erkennen Sie Ihre Signaturstärken und entwickeln Sie sie konsequent weiter.

Bleibt die Frage, wer das Lebensschiff steuert. Die Antwort liegt auf der Hand:

> ***Natürlich Sie selbst. Sie sind der Regisseur Ihres Lebens, Sie sind der Kapitän, der Ihr Lebensschiff unter dem Motto „Profile Your Life!" in den Hafen des Wohlbefindens, der Zielerreichung und der Erfüllung Ihrer Lebensvision steuert.***

Bedenken Sie dabei: Jeder Kapitän braucht eine Crew, also Unterstützung. Hinzu kommt: Die meisten Kapitäne transportieren Menschen und helfen ihnen, von A nach B zu gelangen. Für Sie heißt das: „Profile Your Life!" ist nie nur auf sich selbst bezogen. Wir sind Ego-Wesen und soziale Wesen zugleich. Es geht nie nur um Ihr Wohlbefinden und Glücksstreben und die Stärkung der eigenen Signaturstärken. Sondern zugleich darum, das Wohlergehen anderer Menschen zu befördern und sie als authentisches Vorbild und Impulsgeber zu unterstützen, an dem eigenen Wohlbefinden und Glücksempfinden zu arbeiten und die Signaturstärken zu nutzen, um gemäß der eigenen Persönlichkeit leben zu können.

Kurzum: Genießen Sie das Glück des Entwickelns. Bringen Sie sich selbst zum Aufblühen und lassen Sie es zu, ein stimmiger, gereifter und glücklicher Mensch zu werden. Und unterstützen Sie andere Menschen dabei, es Ihnen gleich zu tun.

Ich wünsche Ihnen viel Erfolg auf Ihrem weiteren Weg. Und vielleicht begegnen wir uns in einer meiner Veranstaltungen zum persönlichen „Profile Your Life!“-Austausch. Es würde mich sehr freuen.

Ihr
Oliver Vogelhuber

ANHANG

Die für dieses Buch relevanten Fragebögen finden Sie unter:

- www.viacharacter.org
- https://positivepsychology.com/measure-happiness-tests-surveys/ (verschiedene Glückstests, darunter auch der Oxford Happiness Questionnaire)

Zu dem Buch *Positive Psychologie: Profile Your Life! So bringen Sie sich selbst und andere zum Aufblühen* liegt ein Workbook vor, das vor allem die im dritten Kapitel präsentierten Impulsübungen umfasst.

Literatur- und Quellenverzeichnis

- Beat Müller Kommunikation (2012): Charakterstärken trainieren macht glücklich. Quelle: https://idw-online.de/de/news483047. Veröffentlicht am 14.06.2012. Aufgerufen am 01.06.2022
- Biswas-Diener, Robert (2010): Practicing Positive Psychology Coaching: Assessment, Activities and Strategies for Success. Wiley, New Jersey 2010
- Blech, Jörg (2015): Schlaulaufen. In: Der Spiegel 32/2015, S. 90-97
- Blech, Jörg (2013): Heilen mit dem Geist. In: Der Spiegel 21/2013, S. 56-63
- Blickhan, Daniela (2018): Positive Psychologie. Ein Handbuch für die Praxis. Junfermann Verlag, Paderborn, 2., überarbeitete Auflage 2018
- Bredemeyer, Sabine (2019): Happy Leaders, happy People, great Results. Über die Kunst, ausgeglichen und erfolgreich zu führen. BusinessVillage, Göttingen 2019
- Bußmann, Nicole (2019): Wie veränderbar ist der Mensch? Neurowissenschaftler Gerhard Roth im Interview. In: managerSeminare, Heft 251, Februar 2019, S. 56-63
- Camus, Albert (1984): Der Mythos von Sisyphos. Ein Versuch über das Absurde. Rowohlt Taschenbuch Verlag, Hamburg 1984
- Csíkszentmihályi, Mihály (2017): Flow. Das Geheimnis des Glücks. Klett-Cotta, Stuttgart, 8. Auflage 2017
- Dworschak, Manfred (2012): Zaubertrank der Zuversicht. In: Der Spiegel 01/2012, S. 117-125
- False-Hope-Syndrom: http://www.psychoquest.de/begriff-24-falsche-hoffnung-syndrom.html. Aufgerufen am 01.06.2022
- Foerster, Christo (2016): Dein bestes Ich. Inspirationen für ein kraftvolles Leben. GABAL Verlag, Offenbach 2016
- Gaarder, Jostein (1993): Sofies Welt. Roman über die Geschichte der Philosophie. Hanser Verlag, München 1993
- Goethe, Johann Wolfgang (2015): Faust. Der Tragödie zweiter Teil. Goethes Werke in 14 Bänden, Band 3: Dramen I. Verlag C.H. Beck, München, 16. Auflage 2015

- Grant, Adam (2016): Geben und Nehmen. Warum Egoisten nicht immer gewinnen und hilfsbereite Menschen weiterkommen. Droemer Knaur, München, 3. Auflage 2016
- Graßler, Alexandra: Wieso du der Durchschnitt der 5 Menschen bist, mit denen du die meiste Zeit verbringst, und was das für dich bedeutet. https://www.wissensagentur.net/wieso-du-der-durchschnitt-der-5-menschen-bist-mit-denen-du-die-meiste-zeit-verbringst-und-was-das-fuer-dich-bedeutet-2821.html. Aufgerufen am 01.06.2022
- Haratischwili, Nino (2022): Das mangelnde Licht. Frankfurter Verlagsanstalt, Frankfurt am Main 2022
- Hills, Peter; Argyle, Michael (2002): The Oxford Happiness Questionnaire: A Compact Scale for the Measurement of Psychological Well-being. Personality and Individual Differences, 33, p. 1073–1082
- Kerkeling, Hape (2009): Ich bin dann mal weg. Meine Reise auf dem Jakobsweg. Piper Taschenbuchverlag, München und Zürich 2009
- Lyubomirsky, Sonja (2018): Glücklich sein. Warum Sie es in der Hand haben, zufrieden zu leben. Campus Verlag, Frankfurt am Main, New York, 2., aktualisierte Neuausgabe 2018
- Malischewski, Thomas; Thiel, Frank (2005): Beziehungsmanagement. Relating® – die Kunst, gute Beziehungen aufzubauen. GABAL Verlag. Offenbach 2005
- Mann, Thomas (1982): Der Zauberberg. Fischer Taschenbuch Verlag, Frankfurt am Main 1982
- MentorCoach (2022): Informationen zu Ken Sheldon und Interview. www.mentorcoach.com/positive-psychology-coaching/interviews/interview-with-kennon-m-sheldon-phd/. Aufgerufen am 01.06.2022
- Mingels, Guido (2017): Sagen, was ist. Warum der allgegenwärtige Pessimismus so verführerisch ist. Und so gefährlich. In: Der Spiegel 32/2017, S. 48-49
- Münchhausen, Marco von (2017): Innere Stabilität. Was uns im bewegten Alltag Halt gibt. GABAL Verlag, Offenbach 2017
- Niemiec, Ryan M. (2019): Charakterstärken. Trainings und Interventionen für die Praxis. Hogrefe Verlag, Bern 2019
- Peterson, Christopher; Seligman, Martin E. P. (2004): Character Strength and Virtues. A Handbook and Classification. Oxford University Press, New York 2004

- Pfützenreuter, Jörg; Veitengruber, Thomas (2015): Die Everest-Methode. UVK Verlagsgesellschaft, Konstanz und München 2015
- Rampe, Micheline (2005): Der R-Faktor. Das Geheimnis unserer inneren Stärke, Droemer/Knaur, München 2005
- Rose, Nico (2022): Bestandsaufnahme Positive Psychologie. Erwachsene Erkenntnisse. In: managerSeminare, Heft 286, Januar 2022, S. 66-73
- Rose, Nico (2021): Management Coaching und Positive Psychologie. Stärken stärken, sinnvoll wachsen. Haufe Verlag, Freiburg 2021
- Seligman, Martin E.P. (2012): Flourish. Wie Menschen aufblühen. Die Positive Psychologie des gelingenden Lebens. Kösel Verlag, München 2012
- Seligman, Martin E. P.; Csíkszentmihályi, Mihály (2000): Positive Psychology. An Introduction. American Psychologist, 55, 1, p. 5-14
- Spenst, Dominik (2020): Das 6-Minuten-Tagebuch. Ein Buch, das dein Leben verändert. Rowohlt Taschenbuch Verlag, Hamburg; zitiert wird aus der Auflage von 2020
- Sugay, Celine (2022): How to Measure Happiness with Tests and Surveys (+ Quizzes). https://positivepsychology.com/measure-happiness-tests-surveys/ (mit Downloadmöglichkeit einiger Tests). Erstellt am 13.04.2019, aktualisiert am 23.05.2022. Aufgerufen am 01.06.2022
- Thimm, Katja (2021): „Menschen sind nicht für Dauerkrisen gemacht". Interview mit Klaus Lieb. In: Der Spiegel 52/2021, S. 52-53
- Traufetter, Gerald (2006): Stimmen aus dem Nichts. In: Der Spiegel 15/2006, S. 158-171
- Vogelhuber, Oliver; Scheelen, Frank M. (2019): Was Menschen wirklich wollen. Menschenkenntnis auf einen Blick mit Profiling3. Bildungsverlag by Scheelen® 2019
- Vogelhuber, Oliver (2017): Von einem, der auszog, MENTALE STÄRKE zu lernen. Verlag Sascha K., Dahme/Mark 2017
- Ware, Bronnie (2015): The Top Five Regrets of the Dying. Verlag Hay House, Australia 2012. Deutsch: 5 Dinge, die Sterbende am meisten bereuen. Goldmann, München, 10. Auflage 2015
- Watzlawick, Paul (1993): Anleitung zum Unglücklichsein. Deutscher Taschenbuch Verlag, München 1993

Der Autor

Oliver Vogelhuber lebt seine Träume und Visionen. Er ist Diplom-Psychologe, Master of Business Administration (MBA), Versicherungskaufmann und staatlich geprüfter Tennislehrer. Mit seinem praktischen psychologischen Wissen und Profiling-Know-how begeistert er seit vielen Jahren in seinen Veranstaltungen, Coachings und auf der Bühne die unterschiedlichsten Menschen. Zudem überzeugt er mit seinen Büchern Leserinnen und Leser, für die ihr Wohlbefinden und ihr Glücksempfinden Herzenssache ist.

Oliver Vogelhuber ist gebürtiger Nürnberger und lebt abwechselnd in Landshut und in Nizza. Ganz gleich, wo er ist – er freut sich, wenn Sie Kontakt mit ihm aufnehmen:

Oliver Vogelhuber GmbH
Schirmgasse 273/274
84028 Landshut
oliver@vogelhuber.de
www.vogelhuber.de
+49 (0)871 - 97406067

Stichwortverzeichnis